미국 리츠로
4차 산업
건물주가
되라____

언택트와 4차 산업 시대, 부의 새로운 축적법

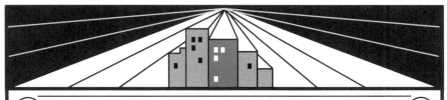

미국 리츠로 4차 산업 건물주가 되라

조용준·채상욱·윤승현 지음

부동산 투자=아파트 투자라는
50년 공식이 깨진다!

한스미디어

'디지털 콘택트' 시대, 이제 4차 산업 인프라에 투자하라

조용준

'디지털 콘택트' 시대.

코로나 감염병 사태로 소위 '사회적 거리 두기Social Distancing'를 해야 하는 현실에서 모든 생활환경은 비대면 비접촉이라는 언택트untact 시대가 되었다. 하지만 이것은 진정한 비접촉을 뜻하는 것이 아니라 디지털로 연결된 접촉, 디지털 콘택트digital contact를 의미한다. 그것도 이전보다 훨씬 다양하고 폭넓은 디지털 접촉이 이루어지는 시대가 되었다.

인터넷 쇼핑, 인터넷 뱅킹, 핀테크, 디지털 미디어, 원격의료, 온라인 교육, 음식 배달 등 다양한 분야가 직접 접촉하지 않고 디지털로 접촉이 이루어지고 있다. 생활 전반에 걸쳐 언택트 시대는 본격화되고 있고, 이를 준비하는 기업들의 디지털 전환은 본격적인 성장이 진행될 전망이다. 또 이의 바탕이 되는 네트워크 시스템, 인공지능AI, 빅데이터, 사물인터넷IoT, 데이터센터, 클라우드, 반도체 등의 분야도 장기적인 고성장 국면으로 접어들고 있다고 판단된다.

결국 포스트 코로나 시대는 디지털 콘택트를 바탕으로 4차 산업혁명의 발전 속도를 가속화할 것으로 예상된다. 구글Google, 아마존Amazon, 애플Apple, 페이스북Facebook, 마이크로소프트Microsoft, 넷플릭스Netflix, 네이버NAVER, 카카오Kakao 등 디지털 1등 플랫폼 기업들의 생태계 확장은 더욱 가속화될 것이며, 이를 위한 디지털 인프라 설치가 집중적으로 투자될 것으로 예상된다. 그리고 바로 여기에 투자의 기회가 있다.

코로나19 사태로 개인이나 기업이나 디지털화되고 있으므로 많은 데이터들이 빅데이터화되면서 보존되어야 하고, 많은 동영상 스트리밍이나 영상회의, 또 온라인 교육 등을 위해 저장 공간에 저장되고 네트워킹이 되어야 한다. 여러 목적에 맞는 소프트웨어 컴퓨팅 시스템을 포함한 클라우드 환경의 데이터센터부터 단순한 저장 장치의 데이터센터까지 다양한 디지털 인프라가 대폭적으로 필요한 시대가 되었다. 또 풍부한 데이터를 네트워킹할 수 있는 통신 환경, 즉 5G 인프라 환경이 필요하다는 것이다. 결국 이 책에서 이야기하고 있는 데이터센터나 5G 인프라 타워, 그리고 물류센터 등 4차 산업의 인프라가 되는 리츠들은 코로나19 사태 이후 일차적으로 폭발적인 수요 증가가 나타나고 있다.

산업혁명기에도 마찬가지였다. 미국 산업혁명 시기에 가장 먼저 핀 꽃은 철도 산업이었다. 《월스트리트저널》을 창간한 찰스 다우는 1884년 다우존스지수를 처음 개발했다. 뉴욕 증시를 한눈에 보여주기 위해서였다. 그런데 다우지수 출범 당시 처음 선보인 것은 9개의 철도 회사를 포함해서 11개 기업의 주가를 평균한 것이었다. 이는 사실상 철도주 평균 주가나 다름없었다. 이렇듯 미국 산업혁명은 그 인프라였던 철도가 미국 주요 지역에 깔리면서부터 본격적으로 성장하기 시작했다. 또 이의 성장을 통해 철강 산업이 성장하고, 이 인프라를 바탕으로 많은 자원의 교류가 시작된 것이다.

4차 산업혁명도 본격적인 성장을 위해서는 5G 인프라가 설치되어야 하고, 수없이 많은 클라우드센터를 포함한 데이터센터가 설치되어 빅데이터가 축적되고 교류되어야 한다. 또 물류센터 등 많은 4차 산업 인프라 시설들이 깔려야 한다. 산업혁명기의 인프라를 담당했던 것이 철도회사라면 지금 4차 산업혁명의 인프라는 디지털 인프라 시설이고, 이러한 디지털 인프라 부동산을 보유하고 관리하면서 성장해나가는 글로벌 4차 산업 리츠들이 바로 4차 산업혁명을 가져오는 바로 그 철도 회사일 것이다. 산업혁명기에 가장 먼저 돈을 벌고 성장했던 산업이 철도 회사였던 것처럼 4차 산업혁명기에도 디지털 인프라 관련 리츠가 먼저 성장할 수밖에 없다.

또 한국인 입장에서는 장기적인 환율 리스크를 감안하면 반드시 일정 부분은 해외투자를 하는 것이 바람직할 수 있다. 현재 시점에서 장기적으로 두 가지 해외투자를 추천한다. 하나는 미국 중심의 글로벌 4차 산업 1등주이다. 흔히 FAANG_{Face book, Amazon, Apple, Netflix, Google}이나 마이크로소프트와 같은 4차 산업 우량주에 골고루 투자하거나 관련 투자상품에 달러베이스로 투자하는 것이다.

두 번째는 글로벌 4차 산업의 인프라가 되는 부동산 투자이다. 그 대표적인 것이 이 책에서 설명하는 미국 상장 4차 산업 인프라 리츠이다. 데이터센터부터 5G 네트워크센터와 물류센터, 그리고 바이오 클러스터 등의 1등 리츠 기업들은 4차 산업혁명 초기의 가장 유망한 자산이다.

대한민국 부동산 투자 패러다임의 변화

채상욱

글로벌 리츠와 관련된 일을 시작한 것은 2019년 말이었다. 조용준 센터장의 기획 하에 나와 윤승현 애널리스트가 연말부터 나와서 글로벌 리츠를 어떻게 분석해야 하는지 연구를 시작한 시점이었다. 이후 몇 달간은 내내 이 일만 했는데, 500여 개 상장 리츠들을 분석하는 과정에서 그전까지 몰랐던 혹은 잘못 생각하고 있었던 리츠에 대한 객관적 사실들이 눈에 띄게 들어오기 시작하면서 이 일은 너무나 흥미롭고 재밌는 일이 되고야 말았다.

건설·부동산 애널리스트로서 리츠는 반드시 공부하는 대상 중 하나였다. 다만 한국의 상장 리츠 시장이 싱가포르, 일본, 미국 등에 비해 너무나 규모가 작다 보니 진득하게 붙어서 제대로 연구한 적은 적었다. 국내 투자자들 중 리츠에 투자한 사람을 찾기가 어렵기도 하여 개인에게도 체감이 되는 투자 대상군은 아니었다. 외국 상장 리츠들 중 어떤 리츠가 좋은 리츠, 소위 투자할 만한 리츠이고 어떤 리츠가 그렇지 않은지에 대해 딱히 기준이 없다가, 실제로 리츠 전체에 대한 분석을 시작하면서부터 기준이 수립되기 시작하고, 그 기준을 찾아서 가다 보니 결국 리츠 역시 일반 기업들과 동일한 주식시장의 논리를 따라간다는 점을 알게 된 것이 가장 큰 연구 성과였다.

국내의 많은 리츠 상품들이 '안정성'과 '배당'을 리츠 투자의 장점으로 꼽는다. 아파트는 위험하니 리츠로 해라. 혹은 주식은 위험하니 리츠를 해라. 또는 리츠는 배당주다. 이런 개념으로 리츠를 홍보한다. 그러나 우리가 알아낸 글로벌 500개 리츠 중 12년 이상의 최장기간에 대한 백테스팅backtesting 결과, 리츠 중 투자 성과가 가장 높은 리츠는 바로 성장형 리츠였다. 성장산업에 필수불가결한 유형자산 투자, 즉 부동산이 리츠 형태로 상장한 것이 가장 투자 성과가 좋았다. 특히 총투자수익률 total return을 계산하는 데 있어 배당수익률보다는 주가 성과가 더 높은 비중을 차지했다. 리츠는 소유 부동산의 시장가격 변화에 따라 주가가 변하는데 이는 해당 성장산업의 부동산은 가격 역시 상대적으로 초과 상승했다는 의미와 같았다. 성장산업에 사용되는 부동산이 초과 상승하고, 리츠는 부동산 가격을 그대로 반영하고, 따라서 이런 리츠들이 다른 일반 리츠들 대비 초과 상승하고, 자연스럽게 배당수익률은 낮게 나오고, 반대로 배당의 성장률은 가장 높게 나오는 그런 공식과도 같은 점들이 약 6개월의 연구를 통해 드러나기 시작했다. 그런 연구 성과를 찾아내기 시작하면서 이 과정들을 기록하고, 나아가 이것이 책으로 나올 수 있게 되었다.

현재 한국도 2019년 9·11 정책에 따라 공모 리츠 활성화를 추진하고 있다. 아직 국내 리츠는 상장 리츠가 10개도 되지 않을 정도로 규모가 작은 시장이나, 성장 잠재력은 크다. 이런 국면에서 국내 투자자들에게 글로벌 성장 리츠들 중 가장 빛나는 종목들이 무엇이고, 왜 그런지를 설명할 수 있게 되어서 너무나 즐겁다. 국내에 상장한 혹은 상장 예정 리츠들을 분석하는 데에도 우리의 기준이 작용할 것으로 판단한다. 물론 우리가 찾아낸 것만이 정답은 아닐 것이다. 다만 주식시장에서 일반적으로 성장주가 높은 밸류에이션을 받는 것은 성장주의 가치가 저성장 시대일수록 상대적으로 높기 때문이라면, 성장형 리츠 역시 마찬가지라는 점을 언급하고 싶다. 마지막으로 리츠를 안정적 배당을 주는 그런 심심한 산업에서, 4차 산업의 인프라를 공급하는 근육이 넘치는 산업으로 바라보는 패러다임 변화를 이 책을 통해 느낄 수 있길 바라본다.

글로벌 4차 산업 리츠로
부동산 투자의 유니버스를 넓힌다

윤승현

과거 미국을 포함한 선진국 시장에서는 공모 리츠REITs 시장의 활성화를 통해 투자자들이 다양한 부동산에 투자할 수 있는 제도적 환경을 마련해왔다. 다만 국내의 경우 근 20년 동안 상장한 공모 리츠의 개수가 절대적으로 적었을 뿐만 아니라 '부동산 투자는 곧 아파트 투자'라는 투자자들의 인식이 다소 컸기에 개인이 다양한 상업용 부동산에 투자할 수 있는 시장이 형성되지 못했다. 물론 2019년을 기점으로 국내에도 다양한 리츠들이 기업공개IPO를 통해 시장에 모습을 드러내고 있지만 아직까지는 오피스나 쇼핑몰, 아파트를 비롯한 이른바 '전통 부동산'에 국한되고 있는 상황이다.

반면 미국과 싱가포르, 일본과 같은 글로벌 주요 주식시장에는 5G 통신 인프라, 데이터센터, 물류인프라, 바이오·하이테크 클러스터와 같

미국 리츠로 4차 산업 건물주가 되라

이 '4차 산업'과 관련된 리츠가 다수 상장되어 있다. 이들 '4차 산업 리츠'들은 최근 4~5년 동안 전통적인 상업용 부동산에 투자하는 리츠들보다 높은 총수익률(주가수익률+배당수익률)을 기록해오고 있는데, 이는 이들이 투자하는 부동산이 이른바 '4차 산업의 인프라' 역할을 맡고 있기 때문이다. 4차 산업의 인프라 역할을 하는 부동산들은 일반적인 상업용 부동산들보다 임차인 수요 측면에서 훨씬 유리한 모습을 보이고 있는데, 이는 성장산업에 속한 부동산에 대한 수요가 상대적으로 크기 때문이다. 또한 이러한 추세는 '코로나19'라는 사상 초유의 사태 속에서 더욱 극명해지고 있다.

　대표적인 4차 산업 부동산으로 '데이터센터'를 예로 들 수 있다. 4차 산업 혁명의 핵심인 '클라우드 컴퓨팅'이 글로벌 전역에서 안정적으로 지원되기 위해서는 해당 컴퓨팅 자원의 생성을 담당하는 실물 인프라, 즉 '데이터센터'를 필연적으로 필요로 하게 된다. 최근 2~3년 동안 글로벌 퍼블릭 클라우드 시장의 가파른 성장은 필연적으로 주요 글로벌 클라우드 서비스 업체(아마존닷컴, 마이크로소프트, 구글, 알리바바 등)들의 데이터센터 투자로 이어지고 있다. 글로벌 각지에서 데이터센터를 전문적으로 운영 및 임대하는 에퀴닉스(티커명: EQIX)나 디지털리얼티(티커명: DLR)와 같은 데이터센터 전문 업체들은 클라우드 기업들의 인프라(데이터센터) 수요를 빠르게 흡수하고 있으며, 적극적인 자산 인수와 개발을 통해 가파른 기업가치 상승을 경험하고 있다.

　또한 아직은 존재하지 않지만 가까운 미래에 전기차나 수소차 충전소를 전문적으로 개발하고 운영하는 전문 리츠가 등장한다면 이 또한 글로벌 친환경차 시장의 성장과 함께 가파른 기업가치 상승을 경험할 수 있을지 모른다. 따라서 형태가 어떻든 '성장하는 산업'의 인프라 역할을 하는 부동산들의 가치는 장기적으로 꾸준히 상승하는 모습을 보이며 현재는 '4차 산업'의 인프라 역할을 하는 부동산들의 집합 혹은 리츠들이 매년 꾸준한 자산가치 상승을 경험하고 있다.

결론적으로 국내 투자자들 또한 글로벌 4차 산업 리츠 투자를 통해 향후 10년 동안 4차 산업에서 파생되는 수요를 누릴 수 있는 다양한 부동산에 투자할 수 있을 것이다. 또한 이는 최근 정부의 적극적인 규제로 세후수익률이 감소하고 있는 아파트 투자나 아직은 걸음마 단계인 국내 공모 리츠 투자보다는 당분간 좋은 투자 대안이 될 수 있을 것이다.

이 책은 총 7장으로 구성되어 있다.

1장은 포스트 코로나 시대 앞당겨진 4차 산업혁명에 대한 전반적인 내용을 담았다. 언택트 시대 4차 산업 1등 기업들의 최근 동향을 담았으며, 투자의 대가 워런 버핏이 4차 산업에 투자하게 된 배경을 서술했다. 1장의 마지막 부분에는 4차 산업 리츠에 대한 간략한 소개와 하나금융투자가 제안하는 4차 산업 리츠 포트폴리오를 덧붙였다. 2장부터 3장까지는 국내 투자자들이 글로벌 4차 산업 리츠에 투자해야 하는 이유와 향후 투자 유망한 4차 산업 리츠를 산업별로 깊이 있게 다루었다. 아직까지 국내 투자자들에게 다소 생소한 리츠의 기본적인 개념부터 글로벌 리츠의 역사, 그리고 투자자들이 리츠 투자를 통해 얻을 수 있는 수익의 구성과 투자 대상까지 폭넓게 다루었다. 4장부터 5장까지는 리츠의 투자 개론과 리스크 요인 등 보다 심도 있는 내용을 다룸으로써 국내 투자자들의 리츠 투자에 대한 이해도를 제고하려고 노력했다. 6장은 국내 아파트 투자와 4차 산업 리츠 투자를 비교해보는 내용을 다루었고, 마지막 7장은 글로벌 유망 4차 산업 리츠에 대한 기업분석을 담았다.

데이터센터, 5G 통신 인프라, 이커머스·물류시설 등으로 대변되는 4차 산업 리츠는 글로벌 1등 기업들이 성장하는 데 반드시 필요한 인프라의 역할을 도맡고 있다. 역사적으로 어느 시대이든 산업의 발전에 앞서 산업의 근간이 되는 인프라 투자가 선행되었다. 빠르게 다가오는 4차 산업 시대에 앞서 투자자들은 이들 4차 산업 리츠를 반드시 주목할 필요가 있다.

마지막으로 이 책이 하나금융 글로벌 4차 산업 리츠 상품에 투자하는 다양한 투자자들이 장기 투자를 하는 데 도움이 되었으면 한다. 또 하나금융투자와 하나은행 PB를 포함한 많은 직원들의 글로벌 리츠 투자 공부에도 도움이 되길 바란다. 나아가 좀 더 많은 분들이 4차 산업 시대를 맞아 기존의 부동산 투자의 경계를 무너뜨리고 4차 산업의 인프라 역할을 하는 부동산 투자에 좀 더 확고한 인식을 가졌으면 하는 바람이다. 이러한 바람을 가지고 하나금융투자 리서치센터의 축적된 연구 지식을 바탕으로 또 한 번 용기를 내어 이 책을 내게 되었다.

***

이 책이 나오기까지 많은 분의 도움이 있었다. 우선 하나금융투자에서 4차 산업 1등주 상품에 이어 4차 산업 리츠 투자상품을 출시할 수 있도록 지원을 아끼지 않으신 하나금융투자 대표이사이신 이진국 부회장님께 존경과 감사의 마음을 드린다. 또 코로나19와 상품시장 경색으로 매일매일 어려운 상황 속에서도 고객들의 자산 증대를 위해 고생하는 하나금융그룹의 많은 PB와 직원분들께도 감사한다. 실무적으로는 한 팀이 되어 책을 공동집필한 채상욱 연구위원과 윤승현 선임연구원, 도움을 준 이송희 연구원에게 무한한 감사를 전한다. 이외에 황승택 글로벌 리서치 팀장을 비롯한 모든 하나금융투자 리서치 연구원들께 감사와 사랑을 표한다.

2020년 7월 서울 여의도에서
하나금융투자 리서치센터
조용준, 채상욱, 윤승현

Contents

7장

지금 당장 투자해야 할 4차 산업 리츠 BEST 10

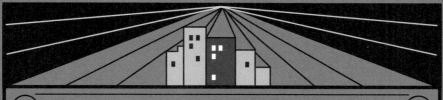

1장

·

언택트, 제로금리, 4차 산업 그리고 거대한 유동성의 시대

포스트 코로나 시대는
언택트를 통해 4차 산업을 앞당긴다

포스트 코로나Post COVID 19 시대는 이전과는 완전히 다른 시대가 될 것이다. 코로나 감염병 사태는 우리 생활 전반에 변화를 가져오고 있다. 가장 많이 사용되는 단어 중 하나가 언택트untact 시대라는 것이다. 소위 '사회적 거리 두기Social Distancing'를 해야 하는 현실에서 모든 생활환경은 비대면·비접촉이라는 언택트 시대가 시작되고 고착화되고 있다. 하지만 이것은 진정한 비접촉을 뜻하는 것이 아니라 디지털로 연결된 접촉, 디지털 콘택트digital contact를 의미한다. 그것도 이전보다 훨씬 다양하고 폭넓은 무수히 많은 디지털 접촉이 진행된다는 것이다.

　인터넷 쇼핑, 인터넷 뱅킹, 핀테크, 디지털 미디어, 원격의료, 온라인

Untact Servies				
Finance	Contents	Shopping	Cloud	Accommo dation
Education	Healthcare	Food	Delivery	O2O...
Networlk	AI	Fintech	Bio. Recog.	IoT...

교육 등 다양한 분야에서 직접 접촉하지 않고 디지털로 접촉이 이루어지고 있다. 또 재택근무가 확산되면서 가장 크게 성장하는 분야 중 하나가 영상회의 시스템이다. 많은 기업과 여러 종류의 단체들 그리고 대부분의 학교에서 수업과 모임이, 또 회의가 모두 이 영상회의 시스템으로 바뀌고 있다. 그러면서 이 영상회의와 관련된 산업은 주요 플랫폼 업체들이 뛰어들면서 이제는 가장 핫hot한 산업 중 한 분야로 주목받고 있다.

가장 먼저 영상회의 시스템을 발전시켜 많은 사용자에게 익숙해진 업체는 줌zoom이다. 줌은 현재 약 3억 명이 가입해 활용할 정도로 대중화되어 있다. 사실상 한국에서도 주요 대학이나 회사에서 줌을 사용해 영상회의나 쌍방향 수업을 하고 있다. 줌은 4월 1일 기준으로 일간 사용자가 2억 명이었는데, 3주 뒤인 4월 21일에는 일간 사용자가 3억 명으로 3주 만에 사용자가 무려 1억 명이나 늘어날 정도로 포스트 코로나 시대에 가장 각광받는 업체가 되었다.

최근 줌은 보안 문제가 불거지고, 급격한 사용자 증가로 성능이 저하

되는 등의 약점이 노출되기도 했다. 그래서인지 줌은 약점을 보완하기 위해 오라클과 파트너십을 맺으면서 새로운 발전을 꾀하기도 했다. 중요한 것은 온라인 화상회의가 줌뿐 아니라 구글과 페이스북, 그리고 마이크로소프트, 카카오와 같은 주요 플랫폼 업체가 모두 이 영상회의 시스템 분야에 뛰어들면서 시장이 확대 개편되고 있다는 점이다. 디지털 콘택트로의 변화이다. 대표적으로 구글은 100명이 동시 접속할 수 있는 영상회의 솔루션 '미트Meet'를 무료로 전환하면서 새로운 강자로 주목받고 있다. 미트는 최근 사용자가 1억 명에 달할 정도로 급성장하고 있다. 그뿐만 아니라 구글의 루스 포랏Ruth Porat 최고재무책임자CFO는 하반기 설비투자는 오피스 시설 확충보다 미트가 만들어낼 데이터 수요를 확충할 수 있는 서버나 데이터센터 등과 같은 클라우드에 집중할 것이라고 발표했다.

마이크로소프트의 '팀스' 일간 사용자 수 추이

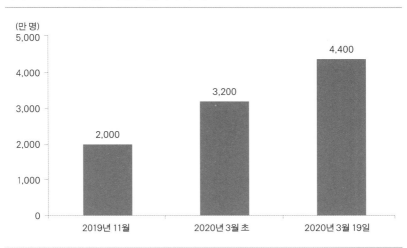

구글의 발표에 의하면 영상회의 솔루션 '미트'의 사용자는 4월 한 달 동안만 보면 하루 300만 명씩 신규 사용자가 급증하는 추세이며, 일평균 30억분의 비디오 채팅을 처리하고 있다. 결국 미트의 성장을 뒷받침할 수 있는 데이터센터나 서버를 포함한 클라우드센터의 인프라 수요가 지속적으로 커지고 있음을 간접적으로 알 수 있다.

구글뿐만 아니라 페이스북도 최근 50명까지 접속할 수 있는 영상회의 솔루션 '룸스Rooms'를 출시하면서 이 시장에 본격적으로 뛰어들었고, 마이크로소프트의 '팀스Teams' 역시 앞의 그림과 같이 하루 사용자 수DAU: Daily Access User가 급격히 성장하면서 줌에 이어 구글과 함께 시장 확대를 만들어가고 있다. 대표적인 예로 설명한 영상회의 시스템 이용 확대와 같은 디지털로의 이동은 향후 대부분의 기업에서 일반화될 것으로 보이며, 재택근무 확대 등을 감안할 때 장기적인 성장이 예상된다. 결국 코로나 사태 이후 많은 기업의 디지털화digitalization는 급속도로 진행될 것으로 예상된다. 언택트가 아닌 디지털 콘택트로의 변화라는 패러다임 변화이다.

포스트 코로나 시대, 기업들의 디지털 전환 본격화 예상

미국 기업들의 디지털 전환digital transformation은 2018년 말 서베이Survey에서 2019년 가장 큰 변화로 지목되고, 관련 지출이 1조 3000억 달러일 정도로 기업들의 높은 관심사가 되었다. 그럼에도 조사기관 가트너Gartner에 따르면 2019년 초 기준 디지털 전환율이 50% 미만인 기업이

76%에 달할 정도로 디지털 전환은 아직 초기 단계로 알려졌다.

동시에 가트너는 주요 클라우드 컴퓨팅 시스템인 IaaSInfrastructure as a Service와 SaaSSoftware as a Service의 시장 규모가 2020년 전년 대비YoY 각각 26%, 17% 성장할 것이라고 전망했다. 코로나19로 주요 기업들은 영상회의 시스템이나 언택트 마케팅 등과 같은 디지털 활동을 통해 클라우드 기반 서비스 경험 증대로 클라우드 시장은 가트너 전망치보다 더욱 빠르게 성장할 것으로 기대된다.

대부분의 기업이 온라인 디지털 마케팅의 채널을 구축하고, 가능한 새로운 디지털 플랫폼으로 진화하려는 노력을 하고 있다. 중국의 신동방新东方이라는 교육 업체가 하나의 대표적인 예다. 신동방은 오프라인의 교육 커리큘럼을 온라인화해 만든 스트리밍 플랫폼 'XDF Cloud'를 통해 온라인화에 성공함으로써 언택트 시대의 성장을 이끌고 있다. 즉 하

가트너 클라우드 시장 성장 전망

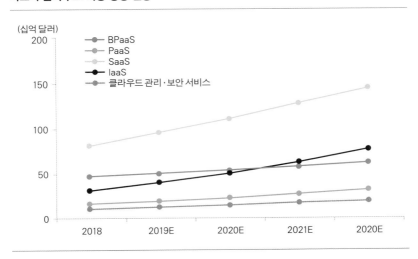

드웨어 인프라를 확대함으로써 클라우드 플랫폼에 동영상을 저장하고, 동시 접속 가능 인원을 기존 5만 명대에서 30만 명까지 확대하는 스트리밍 서비스의 규모capacity를 확대했다. 또 비대면 마케팅을 활성화하기 위해 오프라인에서 온라인으로 전환 시에 수강 가격을 할인해줌으로써 성공적으로 디지털화하는 데 성공했다.

앞의 그림에서 보는 바와 같이 영상회의나 교육은 일부에 불과하고 금융, 콘텐츠, 쇼핑, 숙박, 헬스케어, 음식 배달 등 생활 전반에 걸쳐 언택트 시대가 본격화되고 있으며, 이를 준비하는 기업들의 디지털 전환은 본격적인 성장이 진행될 전망이다. 또 이의 바탕이 되는 네트워크 시스템, 인공지능AI, 빅데이터, 사물인터넷IoT, 데이터센터, 클라우드, 반도체 등의 분야도 장기적인 고성장 국면으로 접어들고 있다고 판단된다.

결국 포스트 코로나 시대는 디지털 콘택트를 바탕으로 4차 산업혁명의 발전 속도를 가속화할 것으로 예상된다. 구글, 아마존, 애플, 페이스북, 마이크로소프트, 넷플릭스, 네이버, 카카오 등 디지털 1등 플랫폼 기업들의 생태계 확장은 더욱 가속화될 것이며, 이를 위한 디지털 인프라 설치가 집중적으로 투자될 것으로 예상된다. 그리고 바로 여기에 투자의 기회가 있다.

포스트 코로나 시대, 포노 사피엔스의 확장과 스테이 앳 홈 소비

2015년 《이코노미스트》지는 휴대폰을 뜻하는 폰Phone과 지성을 뜻하는 사피엔스Sapiens를 합성한 포노 사피엔스Phono Sapiens라는 용어를 처음 사용했다. 스마트폰을 신체의 일부로 사용하는 새로운 세대들을 지칭하는 의미다. 이들은 SNS를 기본으로 대인관계를 형성하고 학습이나 여가, 쇼핑이나 취미와 생활 전반을 휴대폰으로 즐기는 세대다. 한시라도 핸드폰이 없이는 살아가지 못하는 세대다. 늘 신세대를 지칭하는 단어들이 있어왔지만, 포노 사피엔스도 이러한 신종 인류를 의미한다.

그런데 최근 기업뿐만 아니라 개인들도 포스트 코로나 시대에 들어서면서 비대면과 디지털화가 더 강화되고 있다. 포노 사피엔스라는 용어도 신세대를 지칭하는 표현으로서 전반적인 '디지털 생활 문화'로의 변화를 이야기해왔다. 하지만 이번 코로나19 사태를 통해 스스로 '컴맹'이라던 40~60대들도 온라인 쇼핑과 유튜브, 넷플릭스와 같은 스테이 앳 홈Stay at Home의 문화적 경험을 통해 포노 사피엔스로 빠르게 변하고 있다. 즉 신세대만이 아닌 전 인류의 포노 사피엔스화이다.

코로나19 이후 비디오 관련 활동 서베이

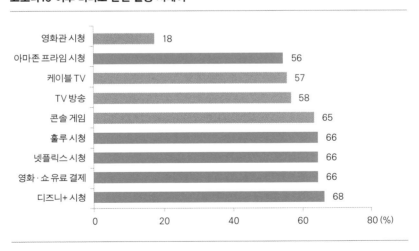

코로나19 사태로 개인 소비의 온라인화는 대폭적으로 확장되는 계기가 형성되었다. 예를 들어 영화관에 잘 가지 않고 집에서 개인적으로 비디오 스트리밍을 통해 영화를 보는 사람이 급격히 증가했다. 대표적인 수혜 업체는 우리가 잘 아는 넷플릭스이다. 실제로 글로벌 온라인 동영상 서비스OTT 기업 넷플릭스는 2020년 1분기 전 세계 신규 가입자를 1577만 명이나 더 늘렸다. 이는 당초 시장의 전망치보다 2배가 넘는 놀라운 실적이다. 또 전체 가입자 수도 1억 8000만 명을 넘었다. 1분기 매출액도 전년 대비 28%를 넘는 좋은 실적을 기록했고, 2분기에도 매출액이 약 23% 늘어날 것으로 시장은 전망하고 있다. 스트리밍 산업에 새로이 뛰어든 경쟁사 '디즈니+'도 최근 2개월간 2000만 명 이상의 고객을 추가로 확보한 것으로 알려졌다. 그만큼 온라인 동영상 서비스 산업도 급성장하고 있다.

한편 개인 소비 측면에서는 온라인 쇼핑의 성장도 폭발적이다. 대표적인 업체인 아마존은 1분기에 매출이 26%나 늘었다. 역시 코로나19 사태의 수혜임을 알 수 있다. 아마존은 또 코로나 사태 이후 직원을 17만 5000명이나 뽑았다. 국내에서는 대표 온라인 쇼핑 업체 쿠팡의 실적 성장이 눈부시다. 그뿐만 아니라 마켓컬리 등 다른 온라인 배송의 성장도 이제는 당연하게 여길 정도로 고성장세를 이루고 있다.

결론은 코로나19 사태로 개인이나 기업이나 디지털화되고 있으므로 많은 데이터가 빅데이터화되면서 보존되어야 하고, 많은 동영상 스트리밍이나 영상회의, 또 온라인 교육 등등을 위해 저장 공간에 저장되고 네트워킹이 되어야 한다. 여러 목적에 맞는 소프트웨어 컴퓨팅 시스템을 포함한 클라우드 환경의 데이터센터부터 단순한 저장 장치의 데이터센터까지 다양한 디지털 인프라가 필요한 시대가 되었다. 또 풍부한 데이터를 네트워킹할 수 있는 통신 환경, 즉 5G 인프라 환경이 필요하다는 것이다. 결국 이 책에서 이야기하고 있는 데이터센터나 5G 인프라 타워, 그리고 물류센터 등 4차 산업의 인프라가 되는 리츠REITs들은 코로나19 사태 이후 일차적으로 폭발적인 수요 증가가 나타나고 있다.

디지털을 통해 세계 최고의 스타가 된 BTS

2019년 5월, 뉴욕의 상징인 엠파이어스테이트 빌딩의 최고층이 보랏빛으로 물들었다. 보라색은 글로벌 아이돌 그룹 BTS(방탄소년단)를 상징하는 색깔이다. 미국 최대 라디오 방송사인 아이하트미디어iHeartMedia 출연에 앞서 BTS가 엠파이어스테이트 빌딩을 찾았는데, 빌딩 측에서 라디오 방송이 나오는 저녁 7시에 맞춰 매시 정각 5분 동안 LED 조명 색을 보라색으로 연출해준 것이다.

한국의 아이돌 BTS는 이제 명실 공히 세계 최고의 스타가 되었다. 사실상 해외의 언론조차도 비틀즈 이후 최고의 그룹이라는 찬사를 하고 있을 정도이다. BTS에 대한 세계적 관심은 온라인에서부터 시작되었는데, 2013년 공식 활동 이후 꾸준하게 팬들과 소통한 결과였다. 지속해서 팬들과 소통하고 훌륭한 음악성을 바탕으로 활동을 이어나간 결과 글로벌 시장에서의 인지도도 높아졌다. 특히 2017년부터는 빌보드 소셜 50 차트 1위에 오르고, 톱 소셜 아티스트 상을 받으며 전 세계에서 가장 영향력 있는 아티스트로서 자리매김하기 시작했다. 2017년 발표한 앨범인 Love yourself 承 'Her'에 실린 타이틀곡 DNA의 뮤직비디오는 유튜브로 최초 공개되었는데, 첫날 24시간 동안 2000만 뷰를 넘었고 24일 만에 1억 뷰를 돌파했다. 이후 빌보드, 아메리칸 뮤직 어워드를 거의 지배하다시피 한 BTS는 2019년 발표한 〈작은 것들을 위한 시Boy with luv〉가 유튜브 공개 24시간 동안 7800만 뷰를 돌파했고 1일 16시간 만에 1억 뷰를 기록하며 역대 최단기간 1억 뷰를 달성한 뮤직비디오라는 기록을 세웠다.

음반 출시 때마다 연이어 빌보드 차트 1위를 달리고 있는 BTS는 디지털 콘택트를 국내 그 어떤 아티스트보다도 먼저, 또 가장 훌륭히 수행한 그룹이다. 유튜브를 통해 그들의 음악을 전 세계에 동시에 디지털 콘택트로 다른 어떤 아티스트보다도 먼저, 팬들과 언택트로 접촉한 후 나중에 실제로 글로벌 투어 콘서트 등을 통해 직접 무대를 보여주는 방식을 고수하며 비틀즈 이후 최고의 그룹이 된 것이다. BTS의 팬클럽인 'ARMY'에게 지속해서 음악과 소셜 네트워크를 통해 메시지를 전달했고, 그것이 기하급수로 늘어나면서 그렇게 BTS는 세계 최고 그룹이 되었다. BTS의 유튜브 채널인 방탄TV의 구독자는 2020년 5월 현재 2950만 명이고, 빅히트엔터의 공식 채널인 iBighit 구독자는 3580만 명이다.

2000만 명이 넘는 BTS의 팬클럽 ARMY는 신곡 뮤직비디오가 발표되자마자 전 세계로 영상 링크를 실어 나르며 무려 70개국에서 아이튠즈 다운로드 순위 1위를 차지하게 한다. 또 그들의 전파력은 기존 음악 유통망에 비해 훨씬 빠르고 강력하다. 2000만 명이 넘는 자발적인 온라

방탄TV 유튜브의 화면

인 마케터가 24시간 대응 체계를 갖추고 디지털 공간에서 활동하고 있기 때문이다. 뮤직비디오뿐만 아니라 감동하는 리액션 영상도 유튜브를 통해 전 세계로 확산되면서 이제 전 세계 10대들에게는 BTS의 뮤직비디오는 꼭 봐야 하는 콘텐츠로 자리 잡았다. 물론 가장 우선적으로는 BTS의 음악과 밴드의 매력이 세계적인 수준이었기 때문에 가능한 일이었다. 하지만 BTS의 성공 뒤에는 분명 디지털 세계로의 변화라는 큰 메가트렌드를 읽어낸 방시혁 대표와 빅히트의 정확한 판단과 그에 맞는 전략이 있었다.

디지털 시대로의 전환은 이제 본격화되고 있다. 그 앞을 가는 기업, 그것을 준비하는 사람들에게는 수없이 많은 기회가 놓여 있다.

패러다임의 변화, 20년의 검토 끝에
4차 산업에 투자하기 시작한 워런 버핏

버핏의 변심, 4차 산업은 이제 경제의 메인 스트림

2016년 봄, 세계 증권가에 화제가 일었다. 오마하의 현인, 투자의 귀재 워런 버핏Warren Buffett이 보인 뜻밖의 행보 때문이었다. 그가 이끄는 버크셔해서웨이가 2016년 3월 말 기준으로 981만 주, 10억 7000만 달러의 애플 주식을 보유한 사실이 보도되었다. 이것은 워런 버핏의 기존 투자 기조와는 상반된 일이었기에 그 배경을 두고 다양한 관측이 오갔다. 게다가 버핏은 2019년에는 대표적인 인터넷 회사인 아마존 주식을 추가로 대량 매수했다.

워런 버핏은 이른바 기술주에는 투자하지 않겠다는 원칙을 여러 차례 밝혀왔다. 1990년대 후반 닷컴 열풍이 불어닥칠 때 버핏은 미동조차 하지 않았다. 그는 "실체에 비해 터무니없이 높은 가격이 매겨진 IT주를 도저히 이해할 수 없다"며 "동화와 같은 환상에 돈을 거는 것을 좋아하지 않는다"고

분명히 선을 그었다. "IT 기업에 기대를 거느니 이미 좋은 사업 성과를 낸 확실한 기업에 집중하겠다"는 명확한 선언이었다. 이런 경향은 그 이후에도 크게 변함없이 이어졌다. 2012년 투자 설명회에서는 "애플과 구글은 투자하기에 너무 위험하다"고 평가절하하기도 했다.

이러한 워런 버핏의 투자 성향과 원칙을 반영해 버크셔해서웨이의 포트폴리오는 코카콜라, 존슨앤존슨, P&G 같은 내수소비재 기업과 웰스파고, 아메리칸익스프레스 등의 금융 기업들을 중심으로 구성되었다.

지난 필자의 책 《4차 산업 1등주에 투자하라》에서 언급한 바와 같이 '워런 버핏의 변심'이 시작된 것이다. 그리고 그 이후 버핏이 보인 변화의 폭은 더 커졌다. 2017년 5월 6일 네브래스카 주 오마하에서 열린 버크셔해서웨이 정기 주주총회 자리에서 버핏은 구글에 대한 투자 기회를 놓쳤음을 시인하며 아쉬워했다. 또한 당시 아마존에 투자하지 않은 것 역시 CEO 제프 베조스Jeff Bezos를 과소평가한 자신의 오판에서 비롯되었음을 털어놓았다. 그리고 "플랫폼 기업들이 강력한 독점력을 구축하고 있다"며 시장의 변화를 진단했다.

중국의 한 언론과의 인터뷰에서는 "마윈 알리바바 창업자와 식사한 일이 있는데, 그가 정말 멋진 기업인임을 알아차렸다. 그러나 사업 내용을 확실히 파악하지 못해 투자에 대해 판단하지 못했다. 그것은 실수였다"고 말했다.

워런 버핏은 애플 주식도 추가로 사들였다. 2018년 말 기준으로 2억 5800만 주 전후를 보유함으로써 애플의 3대 주주가 되었다. 애플은 시가총액 1조 달러를 돌파하며 그 진가를 과시했고, 2018년 부침이 심했던 미국 주식시장에서 등락을 거듭했다. 그러나 버핏의 애플 사랑은 전혀 흔들리지 않는 듯 보인다.

90세의 노장이 극적 변신을 한 이유는 무엇일까? 그의 변화는 전 세계 투자자들에게 어떤 메시지를 던지고 있을까?

변화의 진원지는 4차 산업혁명 생태계 형성

나는 워런 버핏을 존경하고 그의 투자 방식을 따르는 것을 마다하지 않는다. 그의 투자 철학과 투자 기법을 연구해 《한국의 개미들을 위한 워런 버핏 따라 하기》라는 책을 쓰기도 했다. 경쟁력 있는 우량 기업의 주식을 사서 장기 보유함으로써 궁극적 성과를 거두는 버핏의 가치투자 전략은 주식시장이 활황일 때나 냉각되었을 때를 가리지 않고 유효한 지침이라 본다.

그의 행보에 깊은 관심을 두고 이를 추적해온 사람으로서 판단하기에 최근 버핏이 변심하거나 변화했다기보다는 투자 대상이 된 기업과 그 생태계가 변화했다고 분석하는 게 타당할 것 같다. 말하자면 워런 버핏의 투자 원칙은 그대로 유지되고 있는데 IT 기술 기업이 투자 대상의 범위 안으로 들어왔다는 뜻이다.

2017년 5월 주주총회에서 버핏은 구글 등 IT 기술주 투자에 소극적이었던 이유를 밝혔다. "IT 기업 중 누가 최종 승자가 될지 예측하기 어려워 오랫동안 투자 대상에서 배제해왔다"는 것이다. 이 말을 뒤집어 생각하면 현재는 IT 기업 중 승자의 윤곽이 드러났다는 의미가 된다. 그가 투자한 애플과 아마존, 그리고 투자하지 못한 것을 후회하는 구글과 알리바바 등이다. 4차 산업 생태계의 성장성에 대한 인정과 1등 기업들의 투자 가치다.

그런 점에서 워런 버핏의 변화는 곧 4차 산업 생태계의 변화를 의미한다. 1등 기업과 돈을 버는 비즈니스 모델이 분명해지고 있다는 뜻이다.

과감한 애플 투자를 감행한 버핏에 대해 "애플을 성장주가 아닌 가치주로 보고 있다"고 분석하는 전문가들이 많다. 나도 이 의견에 적극 동의한다. 애플 등의 선도 기술주는 시장과 기술, 고객 트렌드 등의 변수에 따라 단기 급등락하는 차원을 뛰어넘어 장기간 안정적으로 성장하는 가치주로 보는 것이 합리적이다. 워런 버핏의 선택이 이 사실을 입증한다.

앞서 말했듯이 워런 버핏은 불투명한 미래를 장밋빛으로 그리는 실체가 흐릿한 기술 기업보다 전 세계 소비자의 일상생활 속에 파고들어 그들의 사랑을 독차지하는 내수소비재 기업을 선호한다. 이들은 견고한 해자에 둘러싸여 있으며 실체가 명확히 드러난다. 그런데 이제 이것이 전통적 소비재 기업만의 일은 아니다. 현재 새로이 시작되고 있는 4차 산업 1등 기업들 역시 소비자의 일상으로 들어와 있다. 애플의 아이폰이나 아마존의 상거래 서비스 등은 우월한 내수소비재이다. 그런 점에서 버핏이 기술 기업 성장주가 아닌 소비재 기업 가치주로서 애플에 투자했다는 분석은 설득력이 높다고 하겠다. 다만 가치주이지만 성장성이 높은 것이다.

워런 버핏의 변심은 산업의 거대한 변화를 상징한다. 그의 선택이 던지는 메시지는 '이제는 4차 산업이 산업의 중심이 되기 시작했다'는 의미일 것이다.

코로나19 사태로 풀린 유동성은
자산 버블을 가져온다

사상 초유의 위기가 사상 최대의 유동성 공급을 가져오다

코로나19 감염병 사태는 미국, 유럽 등 세계 경제의 중심지에서 전체적인
경제의 셧다운shut down을 가져왔다. 즉 주요 기업이 가동 중단을 선언하
고 감염병 확산을 막기 위해 사람들을 집에 머물게 했다. 그래서 미국과
유럽의 2분기 경제성장률은 마이너스 20%가 넘는 역성장이 예상되고 있
으며, 사상 초유의 실업 사태가 발생하면서 각국 정부들은 이를 막기 위
해 대규모 경기 부양책을 실시하고 있다. 주요 국가들이 경기 부양책의
일환으로 시행하는 유동성 공급, 즉 돈을 푸는 규모는 사상 최대치다.

미국은 이번 코로나 사태의 피해를 막고 경기를 부양하기 위해 공급하는 유동성의 규모가 이전의 최대 규모였던 리먼브라더스가 파산했던 2009년에 비해 무려 2배가 넘는 수준이다. 실제로 2009년 미국 정부는 국내총생산GDP 대비 5.4% 수준의 정부의 재정 정책을 통한 경기 부양을 진행했고, 거기에 미국 중앙은행인 연방준비위원회FRB도 GDP 15.2% 규모의 유동성을 시중에 공급함으로써 총 GDP 대비 약 21%의 유동성을 공급했다. 하지만 이번에는 미국 정부가 GDP 대비 12.5%의 재정 정책을 쓰고 있으며, 미국 연방준비위원회 역시 GDP의 38%에 달하는 유동성을 공급하면서 전체 규모는 GDP 대비 무려 50%에 달한다. 이 규모는 돈을 헬리콥터로 뿌렸다는 2009년의 경기 부양책과 비교할 때도 그 2배를 크게 상회하는 수준의 엄청난 유동성 공급이다.

거기에 추가로 트럼프 대통령이 제안한 인프라 투자 중심의 또 다른 경기 부양책 규모도 2조 달러(GDP 대비 무려 9.3%)에 달해 향후 유동성 공급 규모로만 놓고 볼 때는 계산하기도 어려울 정도로 돈이 풀리고 있다. 물론 코로나 감염병 사태와 경제 셧다운이라는 특수성이 있지만 이 유동성 규모는 분명히 이후의 장기적인 자산 버블 가능성을 예고하고 있다.

이 거대한 유동성 효과의 후폭풍은 과연 어떨까? 그렇다면 과거에 과잉 유동성이 공급된 이전의 제로금리 수준과 유동성 공급 이후 각 자산의 기간별 수익률을 비교해보자. 우선 다음 표와 같이 그 기간 가장 훌륭한 수익률을 기록한 것은 미국 주식, 즉 S&P500이다. 누적 수익률은 무려 189.7%이고 연평균 수익률은 11.2%였다. 다음은 미국 장기국채였

각 자산 기간별 수익률 비교

	S&P500	미국 장기채	Kospi	서울 아파트	강남 아파트
누적 수익률	189.7	103.9	30.6	54.8	66.0
연평균 수익률	11.2	7.4	2.7	4.5	5.2
제로금리 기간 연평균 수익률	12.4	3.6	8.3	0.1	0.4

주1: 누적 및 연평균 수익률 기간(2010.1~2019.12), 120개월
주2: 제로금리 기간(2009.1~2015.12), 84개월

다. 현재까지의 누적 수익률은 103.9%로 뛰어난 수익률을 기록했고, 연평균 수익률도 무려 7.4%에 달했다. 다만 국내로 볼 때는 코스피 수익률은 누적 30.6%에 불과했고, 서울 아파트 수익률은 54.8%로 상대적으로 높은 수익률을 기록했다.

이 결과가 뜻하는 것은 무엇일까? 왜 미국의 자산들이 한국의 자산보다 더 많이 오른 것일까? 또 주식이 채권보다 많이 오르는 것일까? 강남 아파트가 더 오른 것은 어떻게 해석할 수 있을까? 필자의 판단으로는 금리가 계속 제로 수준에 머물 정도로 경제가 어려운 시기여서 안전 자산과 성장이 나오는 우량 자산에 돈이 몰렸기 때문으로 해석된다. 또 미국 중심의 양적 완화가 진행되어 미국의 자산들이 많이 상승한 것으로 판단된다.

하지만 근본적으로 개별 자산의 장기 수익성이나 성장성에 의해 수익률이 판가름 난다고 할 수 있다. 대표적인 예가 FAANGFacebook, Apple, Amazon, Netflix, Google이나 마이크로소프트 같은 미국의 4차 산업혁명을 주도해온 업체들이다. 이 업체들은 시장 수익률을 크게 상회하는 엄청난 수익률을 기록했을 뿐만 아니라 시장의 상승세를 주도해왔다.

글로벌 대표 기업 10년 연평균 주가 & 이익 증가율 비교

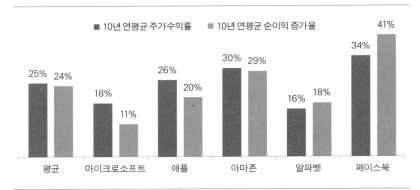

주: 페이스북은 7년 연평균 주가수익률(2012년 5월 상장)

위 그림과 같이 지난 10년간 미국의 4차 산업 1등 기업들은 평균적으로 연 25%의 주가 상승률을 기록했고, 연평균 24%의 이익 증가율을 기록했다. 4차 산업의 1등 기업 주가수익률은 S&P500에 비해서도 매우 높은 수치다. 특이한 것은 주가 상승률만큼이나 높은 이익 증가율이 바탕이 되었다는 것이다. 10년 동안 지속돼온 높은 이익 증가율이나 이에 따른 주가 상승률의 추세적인 진행은 가히 혁명적이라고 판단된다.

대표 기업인 아마존은 연간 30%의 주가 상승률과 연평균 29%의 높은 이익 증가율을 기록했다. 소위 '제로금리 시대, 제로성장 시대'의 분명한 투자 대안이다. 역설적으로 이번 포스트 코로나 시대는 분명 과잉 유동성 시대로 기록될 가능성이 높고, 그 과정에서 4차 산업 우량 기업의 고성장에 대한 프리미엄은 커질 것으로 예상된다.

한편 특이한 것은 같은 자산이라도 국가 간의 수익률 차이가 크게 났다는 점이다. 예를 들어 다음 그림과 같이 미국과 중국 부동산에 비해

미국, 중국, 한국의 주택 가격 추이

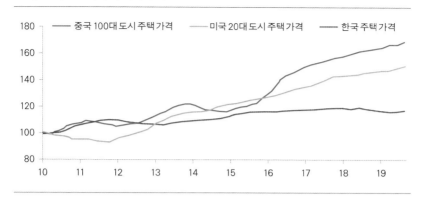

한국 부동산은 상대적으로 수익률이 낮은 편이었다. 아무래도 양적 완화의 규모가 커서 유동성이 급격히 증가한 나라들과 경제성장률이 높은 나라의 자산가격이 상대적으로 크게 상승했다. 실제로 미국 주택 가격은 지난 10년간 무려 50.2%나 올랐고, 중국의 주택 가격은 68.0% 상승하며 미국 자산들보다 더욱 상승했다. 그에 비하면 한국의 주택 가격은 18.6% 상승하는 데 그쳤다. 경제성장률이 높게 나오는 나라, 즉 수요 증가가 큰 나라의 주택 가격 상승이 상대적으로 더 높았다. 즉 부동산에서도 수요의 성장률 차이에 따라 자산가격 상승률이 결정되었다.

또 한국의 주택 가격 중에서도 서울 아파트의 가격 상승폭은 54.8% 상승해 한국 주택 가격 평균 상승률인 18.6% 대비 3배 이상의 상승률을 기록해 상대적으로 고가의 우량 자산이 더 상승률이 높았다. 특히 서울에서도 강남 아파트의 상승률은 66.0%를 기록해 그 상승폭이 가장 높았다.

대도시의 주택 가격 상승은 미국이나 중국이나 공통적인 현상으로

서울, 강남의 아파트 가격 상승률 추이

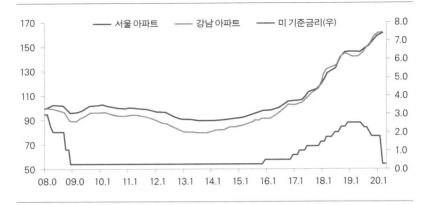

나타난다. 다만 자산가격의 상승은 금리 하락기나 제로금리 유지 시기보다는 금리의 회복기에 더욱 커지는 것으로 나타난다. 금리가 회복한다는 것은 경제 상황이 개선되는 것을 의미하므로 이 기간에 자산가격의 상승이 나타나는 경향을 보였다. 또 당연하게도 한 국가 안에서도 우량 자산이나 수요 성장이 큰 지역의 자산가격이 더 크게 오르는 것으로 나타났다.

시기별로는 금리가 하락하는 경제위기 국면보다는 제로금리가 끝나는, 즉 위기가 해소되기 시작하는 국면부터 주요 자산들의 가격 상승이 본격화하는 것으로 조사되었다.

G2의 우량 자산, 특히 우량 부동산
그리고 4차 산업 우량 주식은 유동성 따라 장기 상승 추세 전망

지난 리먼 사태 이후 실제로 유동성이 풍부했던 10년간 자산시장은 주식과 채권, 그리고 부동산 등 대부분의 자산가격이 상승했다. 실물경기로 가기보다는 풀린 돈들은 자산시장에서 투기적 수요로 남아 결론적으로 각국 자산가격의 상승을 만들었다. 특히 상대적으로 펀더멘탈이 양호한 미국과 중국의 우량 주식과 부동산은 장기 상승세를 기록했다. 그리고 우리 한국의 부동산이나 주식시장도 글로벌 경기가 좋아지기 시작한 2016년 이후 본격적으로 가격이 상승했다. 일차적으로는 부동산 가격이 상승했고, 주식시장의 우량주들도 가격 상승이 확산되었다.

이번 코로나19 사태로 단기적인 경제의 셧다운 기간 자산가격 조정은 불가피하겠지만, 치료제나 백신이 개발되고 기업들의 셧다운이 끝나고 경제의 정상화가 시작된다고 해도 회복 속도는 더딜 수밖에 없으므로 유동성 회수는 상당 기간 어려울 수밖에 없을 것이다. 결국 이번 제로금리 시기에도 위기의 해소 국면에 진입하더라도 상당 기간 자산 버블 과정은 지속될 가능성이 높다.

이번 포스트 코로나 시대에는 부동산이든 주식이든 핵심은 4차 산업 1등

필자의 판단으로는 사상 유례없는 코로나19 감염병 사태로 언택트와 디지털화는 급격한 변화를 맞이하고 있으며, 경제 불황과 대규모 실업 사태로 과잉 유동성 공급과 제로금리 시대는 장기화될 가능성이 높다. 결론적으로 이번 사태로 세상은 4차 산업혁명으로 본격적인 변화를 시작했다.

이번 코로나19 사태를 겪으며 발생하는 자산가격 하락 조정기 동안 장기 투자가 유망한 자산으로 크게 두 가지를 생각해본다.

첫째, 부동산이다. 물론 '의식주'라는 기본적인 주거공간으로서도 부동산은 필요하지만 우리가 주목하는 것은 주거용 부동산이 아니다. 앞서 살펴본 4차 산업에 필수불가결한 부동산, 즉 디지털 인프라 격에 해당하는 부동산들이다. 재택근무나 포노 사피엔스가 전 세대에 걸쳐 확산되는 언택트 시대가 다가오면서 기존의 주거나 오피스 부동산에 대한 수요가 증가하는 것이 아니라 온라인 쇼핑, 교육, 레저, 클라우드 서버, 5G 통신 등을 보다 많이 사용하는 환경으로 바뀌면서 이들 서비스를 제공하는 데 반드시 필요한 부동산들의 수요가 급증할 것이다. 이러한 부동산들은 데이터센터나 통신타워, 물류센터, 냉동창고, 하이테크 건축물 등으로 대표되는데 앞으로 한동안 이러한 4차 산업의 인프라 격에 해당하는 부동산이 가장 큰 성장을 보일 것으로 예상된다. 다음 장부터 글로벌 4차 산업과 관련된 부동산 시장의 변화에 대한 이야기가 정리되어 있는데, 결론적으로 4차 산업과 관련된 우량 부동산 위주로 안정성과 수익률이 담보된 부동산들을 편입한 고성장형 리츠의 시대가 온다는 것이다. 이는 마치 산업혁명의 초기에 그 인프라 설비인 철도 산업이 가

4차 산업혁명의 인프라

자료: ELE Times

장 먼저 발달했던 것과 같은 이치다.

둘째, 4차 산업의 글로벌 1등주에 투자하는 것도 매우 주요한 방법이다. 사업을 해도 4차 산업을 염두에 두고 관련 사업을 해야 한다. 또 한국인 입장에서는 장기적인 환율 리스크를 감안하면 반드시 일정 부분은 해외투자를 하는 것이 바람직할 수 있다. 현재 시점에서 장기적으로 두 가지 해외투자를 추천한다. 하나는 미국 중심의 글로벌 4차 산업 1등주이다. 흔히 FANGFace book, Amazon, Apple, Netflix, Google이나 마이크로소프트와 같은 4차 산업 우량주에 골고루 투자하거나 관련 투자상품에 달러 베이스로 투자하는 것이다. 두 번째는 글로벌 4차 산업의 인프라가 되는 부동산 투자이다. 그 대표적인 것이 이 책에서 설명하는 미국 상장 4차 산업 인프라 리츠이다. 데이터센터부터 5G 네트워크센터와 물류센터 그리고 바이오 클러스터 등의 1등 리츠 기업들은 4차 산업혁명 초기의 가장 유망한 자산이다.

산업혁명에 앞서 인프라가 먼저 간다, 4차 산업 리츠는 새로운 성장 사이클의 시작

산업혁명기의 인프라였던 철도 산업, 다우존스 초창기 11개 중 9개가 철도 기업

미국의 서부 시대에 금과 은을 캐기 위해 서부의 금광으로 사람들이 몰려들었지만, 결과적으로 큰돈을 번 사람은 그 인프라를 설치하고 운송 사업을 했던 철도 회사였다. 대표적인 금광 지역이었던 버지니아 시티에서 철도 사업을 했던 릴런드 스탠퍼드Leland Stanford라는 사람은 훗날 거기서 번 돈으로 오늘날 실리콘밸리를 이끌어가는 최고의 대학, 스탠퍼드 대학교를 설립했다. 물론 거기서 청바지를 팔았던 사람도 오늘날까지 유명한 '리바이스 청바지'의 창업자가 되었다.

산업혁명기에도 마찬가지다. 미국 산업혁명 시기에 가장 먼저 핀 꽃은 철도 산업이었다. 《월스트리트저널》을 창간한 찰스 다우Charles Dow는 1884년 다우존스지수를 처음 개발했다. 뉴욕 증시를 한눈에 보여주기 위해서였다. 그런데 다우지수 출범 당시 처음 선보인 것은 9개의 철도 회사를 포함해 11개 기업의 주가를 평균한 것이었다. 이는 사실상 철도주 평균주가나 다름없었다. 이렇듯 미국 산업혁명은 그 인프라였던 철도가 미국 주요 지역에 깔리면서부터 본격적으로 성장하기 시작했다. 또 이의 성장을 통해 철강 산업이 성장하고, 이 인프라를 바탕으로 많은 자원의 교류가 시작된 것이다.

4차 산업혁명도 본격적인 성장을 위해서는 5G 인프라가 설치되어야 하고, 수없이 많은 클라우드센터를 포함한 데이터센터가 설치되어 빅데

산업혁명의 인프라가 된 서부 시대 철도

이터가 축적되고 교류되어야 한다. 또 물류센터 등 많은 4차 산업 인프라 시설들이 깔려야 한다. 산업혁명기의 인프라를 담당했던 것이 철도 회사라면 지금 4차 산업혁명의 인프라는 디지털 인프라 시설이고, 이러한 디지털 인프라 부동산을 보유하고 관리하면서 성장해나가는 글로벌 4차 산업 리츠들이 바로 4차 산업혁명을 가져오는 그 철도 회사일 것이다. 산업혁명기에 가장 먼저 돈을 벌고 성장했던 산업이 철도 회사였던 것처럼 4차 산업혁명기에도 디지털 인프라 관련 산업에 주목해야 하는 이유이다.

산업혁명기의 인프라, 철도와 철강·전기·원유 등은 오늘날의 5G 네트워크, 클라우드센터

미국의 산업혁명은 현재의 산업 세계를 형성한 결정적 토대가 되었다. 영국으로부터 1차 산업혁명의 바통을 이어받은 미국이 이것을 기업 현장에 도입함으로써 자본주의가 질적으로 도약했으며, 거대 기업들이 탄생할 수 있었다. 산업혁명의 물결이 없었다면 세계 자본주의와 기업은 지금과는 다른 모습이었을 것이다.

앞서 이야기한 바와 같이 미국 산업혁명의 시작은 인프라를 담당하고 지역과 지역의 연결을 담당하던 철도 산업이었다. 이것은 지금으로 말하면 통신 인프라나 데이터센터 같은 4차 산업 인프라의 핵심이었을 것이다. 철도와 함께 산업혁명을 주도한 철강의 발전도 눈부셨다. '베세머 Bessemer 제강법'이라는 기술로 무장한 앤드루 카네기Andrew Carnegie는 철강왕으로 등극했다. 그의 제철 공장은 급속도로 성장했다. 철도와 달리 건물의 건설에 철강이 사용되며 미국 산업은 한 단계 도약했다. 그는 창업 20년 만에 미국의 제철 산업을 지배하는 기업가로 성장했다. 그는 신속한 제철 제품 유통을 위해 전용 철도를 건설하기까지 했다. 철강 산업의 발전 역시 산업혁명의 또 하나의 중요한 인프라 산업이었다.

카네기철강회사의 가치를 알아차린 금융 자본가 모건Morgan은 5억 달러라는 천문학적 금액으로 이 회사를 인수했다. 그리고 자신이 소유한 페더럴제강, 내셔널제강, 아메리카제강과 카네기철강을 합병시켜 'US스틸'이라는 미국 최대의 철강 공룡을 만들었다. US스틸의 당시 자본금은 14억 달러였다. 그 무렵 미국의 1년 예산 5억 2500만 달러보다 2.7배나 더 컸다. 이러한 공룡 기업의 대규모 기업공개IPO를 계기로 뉴욕 증시가 규모 면에서 런던 증시를 앞서나가기 시작했다.

철도의 성장과 함께 산업혁명의 주력 산업 분야가 하나씩 발전해갔다. 산업혁명의 에너지원이 된 석유도 거대한 산업을 이루었다. 미국 석유 사업의 핵심 인물이 그 유명한 록펠러Rockefeller이다. 록펠러는 그 당시 모두가 뛰어들었던 석유 채굴보다는 새로운 사업에 눈을 돌렸다. 그는 정유와 판매를 중심으로 삼았다. 철도 회사와의 계약을 통해 운송비를 절감하는 등 새로운 경영 체계를 도입했고, 스탠더드오일을 설립했다. 미국 석유 시장의 10%에 지나지 않던 스탠더드오일은 창업한 지 9년 만에 미국 전체 석유의 95%를 점유하기에 이르렀다. 독과점 신디케이트의 효시다. 석유 산업 역시 산업혁명의 또 하나의 중요한 인프라 산업이 되어 이후 발전하는 자동차 산업 발전의 배경이 되었다.

또 2차 산업혁명은 전기가 이끌었다. 에디슨Edison의 전구는 말 그대로 획기적인 발명품이었다. 에디슨은 그 인프라였던 화력발전소도 설립함으로써 전기의 대량생산 가능성을 열었다. 이 눈부신 혁신에 매료된 모건은 그의 사업에 투자하고 특허권을 사들임으로써 본격적으로 전기 산업에 뛰어들었다. 이렇게 에디슨전기회사가 탄생했다. 그 후 이 기업은 탐슨-휴스턴과의 합병을 거쳐 오늘날까지 미국을 대표하는 기업 중 하나인 제너럴일렉트릭GE으로 발전했다.

전화 사업은 벨Bell이 발명하고 에디슨이 실용화시켰다. 벨이 개발한 전화 기술을 토대로 설립된 미국 최대 전화 사업체 벨텔레폰은 이후 AT&T로 발전했다. 그리고 웨스턴유니언과 합병함으로써 미국 전화와 전신 시장을 석권하고 사실상 독점 체계로 발전해 나아갔다.

산업혁명의 기술혁신을 가장 극적으로 보여주며 기업 판도를 변화시킨 것이 자동차의 대량 보급이었다. 헨리 포드Henry Ford의 대량생산으로 자동차가 대중적으로 보급되기 시작했다. 그리고 자동차 산업은 강철, 기계, 유리, 고무, 전기, 석유, 건설 등 연관된 기반 산업들을 선도하며 거대한 산업 생태계를 이루었다.

미국 초기 산업은 자본에 의해 시장이 지배되지 않고 기술력만으로도 시장을 지배할 수 있는 혁신적 분위기였다. 기술력에 의한 경쟁이 특허 제도의 지원을 받았다. 하지만 미국 산업혁명의 전개와 대기업의 탄생에는 거대 자본이 필요했고, 새로이 등장한 금융 자본가가 이를 뒷받침했다. 그 결과 기업 규모는 점점 커졌다. 산업혁명으로 인해 미국은 미증유의 번영을 구가하게 되었으며, 미국 산업과 증시는 엄청난 규모의 시너지를 이루었다.

세계를 움직이는 미국 대기업 중 상당수는 산업혁명기에 탄생해 새로운 기술과 시장을 선도하며 예전에는 상상조차 하기 어려웠던 성장을 이루었다. 그리고 강력한 독점 체계를 구축함으로써 거대 기업으로 우뚝 섰다. 미국 기업사에서 보듯 산업혁명은 전례 없이 거대하고 강력한 기업과 이들이 주도하는 새로운 시장 생태계를 만들어낸다. 산업혁명의 수혜는 카네기나 록펠러, 에디슨, 헨리 포드 등의 기업가에게만 돌아가지 않았다. 모건으로 대표되는 투자자들이 더 큰 부를 거머쥐었다.

4차 산업혁명 역시 새로운 기술, 새로운 기업, 새로운 인프라, 새로운 시장과 산업, 새로운 부의 기회를 포함하고 있다. 이전에 없던 데이터센터, 클라우드, 반도체, 5G 네트워크 장비 등 새로운 기술 인프라를 바탕으로 새로운 성장을 만들어가고 있다. 그 성장의 기회에 올라타는 사람에게는 무한한 가능성이 주어진다.

1조 달러 기업의 탄생과 4차 산업혁명의 시작

2018년 8월 2일, 세계 주식시장 역사에서 기념비적인 일이 일어났다. 시가총액 1조 달러 기업이 탄생한 것이다. 그 주인공은 애플이다. 그로부터 1개월이 지난 9월 5일에는 아마존의 시가총액이 장중 1조 달러를 돌파했다. 미국의 두 4차 산업혁명 1등 기업들은 2018년 1조 달러 클럽에 오르는 영예를 누리게 되었다. 구글과 마이크로소프트 등이 그 뒤를 이을 것이라는 관측이 지배적이다. 다소 성급하긴 하지만 시가총액 2조 달러를 돌파할 기업이 어디인지에 대한 예측도 나오는 상황이다.

1조 달러는 엄청난 규모이다. 2017년 세계 12위의 경제 대국인 한국의 GDP가 1조 5000억 달러 수준이다. 세계 4위의 인구 대국 인도네시아의 GDP도 우리와 비슷하다. 유럽 선진국인 네덜란드와 스위스 등의 GDP는 1조 달러를 넘지 못한다. 시가총액 1조 달러 기업은 중간 정도의 경제력을 가진 국가의 경제력을 넘어서는 엄청난 규모라 할 수 있다.

시가총액 1조 달러를 넘어섰거나 넘어서리라 예상하는 기업들은 모두 4차 산업혁명의 리더들이다. 이 기업들이 혁신을 통해 창출할 부가가치에 대해 시장이 인정하고 있다는 뜻이다. 워런 버핏과 같이 엄격한 잣대로 기업을 선정해 가치투자를 하는 신중한 투자자들도 4차 산업혁명의 선두 기업에 투자하는 것을 주저하지 않는다.

4차 산업혁명을 이끄는 기업들이 국가 경제력에 버금갈 정도로 몸집을 불리는 현상은 임박한 주식시장 장기 사이클의 전주곡이라 보인다. 포스트 코로나 시대는 4차 산업혁명을 매개로 하여 우리가 볼 수 없었던 1900년대 산업혁명 이후 산업과 기업들의 변화와 같은 100년 만의 변화와 상승의 사이클을 가져올 것이다.

4차 산업 성장의 전제는 4차 산업 인프라의 장착, 리츠가 주도할 것

4차 산업혁명을 매개로 엄청난 부가가치가 생성될 것이며, 거대한 부와 역량을 축적한 산업과 그를 위한 인프라 기업, 그리고 플랫폼 기업들이 몸집을 늘릴 것이다. 구글 본사 앞에 있는 공룡처럼 말이다.

4차 산업혁명의 핵심 기술들이 만들어내는 첨단 제품들은 이제 시작 단계이다. 그 규모가 어떨지 가늠할 수조차 없다. 성패가 불투명하다는 뜻이 아니다. 시장 확장의 규모가 엄청나기에 이를 예단하기 어렵다는 의미다. 예를 들어 전기를 에너지원으로 하는 자율주행차가 본격적으로 보급되면 전 세계적으로 시장이 팽창할 것이다. 중요한 것은 그 인프라가 되는 환경이 먼저 설치되어야 한다는 점이다. 4차 산업 리츠가 먼저 발전하는 이유이다.

완성차뿐 아니라 수많은 부품과 기술이 집적되는 자동차 제조의 특성상 부품과 각종 소프트웨어, 서비스에 이르기까지 천문학적 교체 수요 증가가 예상된다. 이것은 PC나 휴대폰, 스마트폰이 보급되는 것과는 규모를 달리한다. 하지만 이보다 먼저 장착되어야 하는 것은 5G 인프라이다. 아메리칸타워American Tower나 크라운캐슬인터내셔널Crown Castle International 같은 5G 통신장비 인프라가 먼저 성장해야 하는 이유이다.

사물인터넷 분야도 마찬가지다. 최근 구축되는 스마트 시티 등에서 볼 수 있듯이 한 도시 내의 인프라를 비롯해 모든 시설과 건물, 내부 기기 등이 사물인터넷을 장착한 스마트 제품으로 바뀐다. 역시 그러기 위해서는 바로 데이터센터와 클라우드센터 같은 대규모의 컴퓨팅 인프라가 모든 도시에 설치되어야 한다.

자율주행차는 전 세계에 1만 대도 없었지만 시장이 성장하면 연간 5000만 대 이상의 시장이 새로이 만들어진다. 규모를 짐작조차 할 수 없는 새로운 수요가 전 지구적으로 발생한다. 기하급수적인 수요의 변화이다. 이런 경향은 미국 등 선진국에서 시작하겠지만 점점 신흥국으로 번지며 팽창할 것이다. 유선전화도 채 보급되지 않았던 중국에서 얼마나 빠른 속도로 스마트폰 시장이 커졌는지를 보면 그 변화를 예측할 수 있다. 5G 인프라 장비의 설치와 이를 위한 리츠 회사들의 높은 성장성도 전 세계적으로 지속된다는 뜻이다.

생산이 바뀌고, 제품이 바뀌고, 서비스가 바뀐다. 이것은 전면적이다. 이를 위한 필수적인 변화는 이를 사용하기 위한 인프라 장비의 설치다. 도시환경 인프라이다. 4차 산업 인프라 리츠에 우선적으로 투자해야 하는 이유이다.

중위험·중수익 배당형 부동산 재간접 펀드 부동산 리츠 시대가 온다

"4차 산업의 건물주, 4차 산업 리츠 시대의 주인이 되세요."

매년 시가배당수익률이 3.5%를 넘게 배당을 해주고, 연간 10% 전후의 안정적인 성장을 하는 5G 인프라 통신타워와 통신장비용 스몰셀 small cell을 임대해주는 리츠 회사인 크라운캐슬인터내셔널은 미국 최고의 5G 통신 인프라를 임대해주는, 안정적이면서도 고성장을 하는 리츠 회사이다. 5G 도입으로 미국 내 스몰셀 설치 개수는 2026년까지 무려 6년간 매년 20%가 넘는 고성장이 기대된다. 제로금리 시대에, 언택트 시대에, 5G 시대에 이만한 투자처가 있을까? 연간 3.5%의 배당을 주는 실물 부동산을 기초 자산으로 한 중위험 리츠 투자회사이다.

서부 시대에는 금광을 캐는 광부보다 실제로는 광산에서 맥주를 팔고, 청바지를 팔고, 철도를 운영하고, 호텔을 운영하는 사람들이 돈을 벌었다는 기록이 있다. 즉 서부 시대에도 실제로 금을 캐서 돈을 벌 수 있지만, 그들보다 더 안정적으로 인프라 산업에서 일하는 사람들이 큰돈을 벌었다는 것이다. 지금도 4차 산업의 1등 기업이 되기는 어렵고 경쟁 사회에서 어떤 기업이 장기적으로 돈을 벌지, 경쟁에서 이길지를 판단하기는 상당히 어려울 수도 있다. 하지만 4차 산업 인프라가 되는 데이터센터나 클라우드센터, 물류센터 그리고 5G 등 통신장비 설치를 위한 타워나 인프라 장비들은 매우 좋은 투자처이다. 또 헬스케어 클러스터 등도 마찬가지다. 이제는 투자의 목표를 '4차 산업의 건물주'가 되는 꿈을 가져보는 것도 아주 좋은 투자 대안이 될 수 있다.

하나금융투자가 제안하는
4차 산업 리츠 포트폴리오

4차 산업 시대 반드시 필요한 부동산으로 구성

하나금융투자는 4차 산업 시대 수요가 크게 증가할 것으로 예상되는 부동산에 투자하고자 4차 산업 리츠 포트폴리오를 구성했다. 4차 산업 부동산은 5G 통신, 클라우드, 사물인터넷과 연결된 통신 인프라와 데이터 센터가 있으며 디지털 콘택트 소비의 중심인 물류 인프라가 포함된다. 이들 4차 산업 부동산은 기존 부동산들과 다르게 산업의 성장과 함께 수요가 꾸준히 증가하는 자산으로 여기에 투자하는 리츠 또한 전통적인 리츠보다 높은 성장성을 가진다.

역사적 수익률:
하나금융투자 4차 산업 리츠 포트폴리오 vs. FTSE EPRA/NAREIT Develop Index

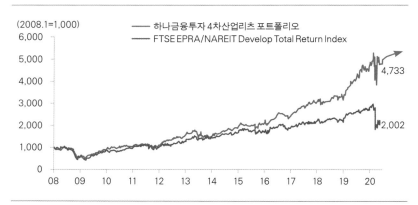

(2008.1=1,000)

― 하나금융투자 4차산업리츠 포트폴리오
― FTSE EPRA/NAREIT Develop Total Return Index

4,733
2,002

주1: 아메리칸타워, 크라운캐슬, 프롤로지스, 에퀴닉스, 알렉산드리아, 디지털리얼티, 케펠DC 성장형 리츠 8개 종목과 캐피털랜드몰, 메이플트리로지스틱스, 아센다스리츠, 케펠DC리츠, 오메가헬스케어, 신한알파리츠 가치형 리츠 6개 종목을 65 대 35 동일 가중으로 시뮬레이션한 결과값임.
주2: 2020년 5월 13일 종가 기준
자료: Bloomberg, 하나금융투자

　　하나금융투자는 글로벌 성장형 리츠 8개 종목과 자산가치 측면에서 우량하다고 판단되는 가치형 리츠 6개 종목으로 4차 산업 리츠 포트폴리오를 제안하고자 한다. 또 이를 기초로 하여 하나UBS자산운용과 함께 4차 산업 리츠에 특화해 운용하는 '하나 온리원 글로벌 리츠' 상품을 출시했다. 최근 5년 동안 하나금융투자 4차 산업 리츠 포트폴리오의 총수익률은 글로벌 선진국 리츠 지수인 FTSE EPRA/NAREIT 선진국 지수 총수익률을 크게 상회하고 있다. 특히 코로나19의 확산으로 부동산에 대한 투자 심리가 급감한 현재 상황에서도 2020년 연초 대비 플러스의 수익률을 기록하며 강력한 4차 산업 수요를 바탕으로 한 성장을 이어나가고 있다. 여기서는 포트폴리오의 구성이 되는 4차 산업 부동산들에 대해 먼저 간략하게 소개해본다.

5G 통신 인프라 리츠: 초저지연의 시대로

5G는 향후 10년간 우리의 일상을 완전히 바꿔놓을 것이다. 2019년부터 한국과 미국을 중심으로 5G 서비스 상용화가 시작되었지만 아직까지 실질적인 5G 도입률은 매우 낮은 수준이다. 미국의 경우 2019년 가용 디바이스 기준 5G망 채택률은 1%에 불과했는데, 이는 소비자가 실질적인 수혜를 느끼기 어려운 수준이다. 2020년 또한 하반기부터 T모바일T-Mobile, 버라이즌Verizon, AT&TAmerican Telephone & Telegraph와 같은 대형 통신사들의 관련 투자가 본격적으로 나타날 전망이지만 연내 5G 채택률은 4~5%에 불과할 전망이다.

다만 장기적으로는 5G 인프라의 증가와 함께 5G망 채택률은 매우 가파른 증가세를 보일 전망이다. 미국 시장조사기관에 따르면 2025년을 기준으로 미국 5G 채택률은 50%에 육박할 것으로 추정된다. 5G는 우

미국 모바일 디바이스 5G 채택률 추정

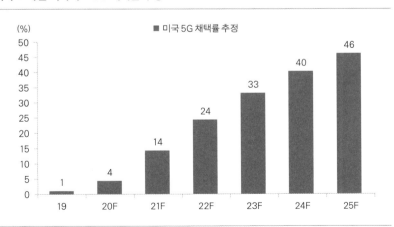

자료: Altman Vilandrie & Company, Statista, 하나금융투자

리가 기대하는 사물인터넷, VR 미디어, 자율주행과 같은 초저지연Ultra-Low Latency 통신망 시대에 반드시 필요한 기술이며, 이를 위해서는 아직도 대대적인 통신 인프라 투자가 필요하다. 향후 10년간 통신타워, 스몰셀, 인빌딩 중계기DAS를 포함한 5G 인프라 투자는 크게 증가할 전망이며, 이러한 통신 인프라에 투자하는 아메리칸타워나 크라운캐슬인터내셔널과 같은 리츠들의 높은 성장이 기대된다.

데이터센터 리츠: 데이터 인프라의 플랫폼화

5G 통신망의 가파른 도입은 글로벌 4차 산업의 불씨를 당기게 될 전망이다. 특히 기존에 낮은 통신 속도로 인해 원활한 연결이 어려웠던 다양한 디바이스 간의 연결, 즉 사물인터넷의 도입이 본격화될 것으로 보인다. 글로벌 디바이스 간 연결은 2023년까지 연평균 30% 이상 증가할 것으로 추정되는데, 이는 곧 디바이스 연결에 필요한 데이터의 총량이 증가할 것임을 의미하고 있다.

이렇게 증가하는 데이터 트래픽을 원활하게 처리하기 위해서는 데이터센터와 같은 '데이터 인프라'가 크게 증가할 수밖에 없는데, 사물인터넷이나 자율주행 기술에 필요한 데이터는 지금보다 크고 빠르게 처리되어야 하기 때문이다. 이를 원활하게 처리하기 위해서는 글로벌 각 지역의 데이터 처리의 엣지edge 역할을 하는 크고 작은 데이터센터들이 필요하게 될 것이다.

또한 최근 클라우드 컴퓨팅의 급격한 발전으로 아마존, 마이크로소프트, 구글과 같은 초대형 클라우드 공급사(하이퍼스케일러hyperscale)들의 클라우드 데이터센터 투자가 확대되고 있다. 이들이 고성능의 클라우드 서비스를 전 세계에 있는 기업과 개인을 대상으로 제공하기 위해서는 세계 각지에서 데이터 허브 역할을 맡을 데이터센터를 필요로 한다.

에퀴닉스Equinix, 디지털리얼티트러스트Digital Realty Trust, 사이러스원

글로벌 디바이스 간 연결은 연 30%의 속도로 증가할 전망

자료: Cisco Annual Internet Report, 2018-2023(2020년 3월 9일 발간 자료), 하나금융투자

데이터 인프라 역할을 하는 데이터센터 시장 역시 고성장 기대

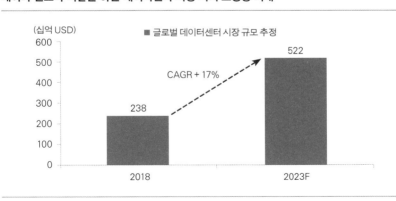

자료: Technavio Market Research(2019), 하나금융투자

CyrusOne과 같은 데이터센터 리츠는 전 세계 수백 개의 데이터센터를 운영하는데, 이러한 4차 산업 수요에 맞춰 움직이고 있다. 4차 산업혁명이 본격화되는 향후 10년 동안 데이터 인프라에 대한 수요는 꾸준히 증가할 것이며, 데이터센터 리츠 또한 혁신을 거듭하며 성장해나갈 것이다.

이커머스 물류 리츠: 디지털 콘택트 시대 소비 트렌드를 이끌어갈 인프라

이커머스e-commerce는 디지털 콘택트 시대의 대표적인 소비 트렌드이다. 코로나19의 확산과 함께 전 세계 다수의 소비자들이 기존의 오프라인 소비 관습에서 벗어나 온라인 소비를 새롭게 접하고 있다. 이러한 흐름은 하나의 소비 트렌드가 될 가능성이 높으며, 포스트 코로나 시대에는 이커머스가 전체 소비의 큰 축을 담당할 가능성이 높다.

주요 도시 내 빠른 배송을 위해서는 최종 유통망의 역할을 하는 중소형 물류 인프라가 크게 증가해야 하는데, 이들은 보통 도시까지 한 시간 내 배송이 가능한 거리에 위치한다. 이러한 물류시설을 라스트 마일Last Mile이라 부르는데 최근 코로나19 확산과 함께 그 수요가 크게 증가하고 있다. 특히 오프라인 소매점이 없는 이커머스 전문 업체들은 라스트 마일 물류시설을 이용해야만 소비자에게 빠른 시간 내 제품 배송을 완료할 수 있다. 물류 리츠는 이러한 물류·유통 인프라에 중점적으로 투자하는 리츠들로 디지털 콘택트 시대 소비 트렌드를 이끌어갈 인프라의 역할을 할 전망이다.

프롤로지스Prologis는 전 세계 2900개의 고객사를 대상으로 4000여 개의 크고 작은 물류 인프라를 임대하는 세계 최대 물류 리츠이다. 최근

미국 이커머스 시장 규모 및 비중 추이

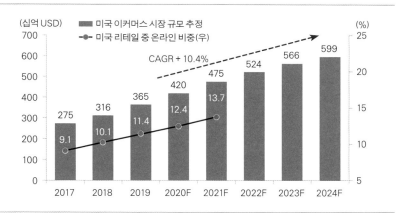

(십억 USD) ▮ 미국 이커머스 시장 규모 추정 (%)
-●- 미국 리테일 중 온라인 비중(우)

CAGR + 10.4%

자료: Bloomberg, Statista, 하나금융투자

코로나19로 인해 프롤로지스의 최종 유통시설 브랜드인 'Last Touch®' 의 수요 또한 급격히 늘어나고 있는데, 코로나19로 산업 경기가 부진함에도 불구하고 전체 고객사의 60%로부터 이커머스와 관련된 수요 증가를 누리고 있다. 아시아에서는 싱가포르의 메이플트리로지스틱스 Mapletree Logistics가 장기적으로 이커머스 수요를 누릴 수 있을 전망이며, 미국과 글로벌 저온 물류 인프라에 중점적으로 투자하는 아메리콜드 Americold 또한 향후 글로벌 콜드체인 시장의 인프라 역할을 할 수 있을 것으로 전망된다.

하나금융투자의 4차 산업
리츠 포트폴리오 BEST 10

하나금융투자가 추천하는 4차 산업 부동산 중심의 글로벌 4차 산업 리츠 BEST 10을 소개한다. 하나금융투자 4차 산업 리츠 포트폴리오는 '성장형'이라는 단어에 걸맞게 향후 10년간 높은 배당 성장이 기대되는 리츠들로 구성되었으며, 이들이 투자하는 자산은 다가오는 4차 산업 시대 꾸준한 수요 증가가 예상되는 5G 통신 인프라, 데이터센터, 이커머스·물류 인프라, 바이오·하이테크 클러스터 등이다.

- 5G 통신 인프라: 아메리칸타워(AMT), 크라운캐슬인터내셔널(CCI)
- 데이터센터: 에퀴닉스(EQIX), 디지털리얼티트러스트(DLR), 케펠DC리츠 (AJBU)
- 이커머스·물류 인프라: 프롤로지스(PLD), 아메리콜드(COLD), 메이플트리로 지스틱스(M44U)
- 바이오·하이테크 클러스터: 알렉산드리아리얼에스테이트(ARE), 아센다스리 츠(A17U)

하나금융투자 리서치센터가 4차 산업 리츠 포트폴리오를 대상으로 진행한 백테스팅backtesting(투자 전략을 과거 시점에 대입해보는 시뮬레이션) 결과에 따르면, 코로나19로 주식시장 충격이 발생한 2020년 5월 기준 하나금융 4차 산업 리츠 포트폴리오의 5년 연평균 총수익률(주가수익률+배당수익률)은 연 +17%였으며 최근 3년 연평균은 +19%였다. 아메리칸타워, 에퀴닉스, 프롤로지스 등으로 대표되는 글로벌 4차 산업 리츠는 평균적으로 연 2.5~3.0%의 배당수익률을 보이고 있는데 여기에 4차 산업 수요에 기반한 기업가치EV의 상승이 더해져 상대적으로 높은 총수익률이 나타난 것으로 볼 수 있다.

반면 높은 배당수익률을 목표로 해온 전통 리츠(리테일, 오피스, 아파트)들의 기업가치 상승은 상대적으로 높지 않았다. 이는 전통 리츠가 투자하는 부동산에 대한 수요가 크게 증가해오지 않았기 때문이다. 이러한 추세는 최근 코로나19 일반 상업용 부동산에 대한 수요가 크게 감소하며 더욱 극대화되었는데, 글로벌 선진국 리츠의 최근 5년 연평균 수익률이 +3%에 불과한 점만 보아도 알 수 있다.

하나금융투자 리서치센터는 향후 최소 10년간 4차 산업과 관련된 부동산의 수요가 크게 증가할 것으로 전망하며, 이러한 흐름은 대표적인 4차 산업 리츠들의 가치를 꾸준히 상승시킬 것이라는 판단이다. 서부 개척 시대 철도와 관련된 인프라 투자가 선행되고 철도 관련 주식이 크게 상승했던 것처럼 4차 산업 시대에는 4차 산업과 관련된 인프라 투자가 선행될 것이다. 4차 산업 리츠나 4차 산업 리츠 펀드 투자를 통해 4차 산업 부동산의 건물주가 되어보자.

하나금융투자 글로벌 BEST 10 성장형 리츠(단위: %)

종목명	리츠 섹터 구분	총 수익률 및 배당지표						투자 포인트 요약
		YTD	1Y	3Y	5Y	2020 FDPS 성장률	2020F 배당률	
아메리칸 타워 (AMT.US)	통신 인프라	1.3%	20.4%	91.7%	162.7%	+20.0%	1.9%	• 글로벌 최대 통신 인프라 리츠, 미국·신흥국에서 통신타워 임대 • 2020년 하반기 이후 미국 5G 중대역 투자 확대로 고성장 전망 • 인도·북아프리카·남미 4G 투자는 높은 수익성으로 연결 기대
에퀴닉스 (EQIX.US)	데이터 센터	14.2%	62.3%	60.4%	176.3%	+7.9%	1.6%	• 글로벌 1위 데이터센터 리츠, 24개국에 210개 자산 임대 중 • 단순 공간 임대를 넘어 '데이터 중개' 역할 확대 중 • 장기적으로 매출과 배당 모두 고성장이 가능할 전망
알렉산 드리아 (ARE.US)	바이오 오피스 클러스터	-7.6%	6.7%	37.8%	79.2%	+4.6%	2.8%	• 미국 보스턴·캘리포니아 등 주요 바이오 클러스터 투자 리츠 • 과거 10년 동안 4% 이하의 낮은 공실률 유지, 높은 안정성 보유 • 미국 생명과학·바이오테크 시장과 함께 장기 성장 기대
크라운캐슬 (CCI.US)	통신 인프라	9.3%	26.4%	77.8%	110.2%	+6.6%	3.2%	• 미국 5G 성장 수혜 가장 높은 대형 통신 인프라 리츠 • 5G 시대 통신 인프라 핵심 비즈니스(타워와 스몰셀) 모두 영위 • 2020년 하반기 이후 미국 5G 중대역 투자 확대로 고성장 전망
프롤로지스 (PLD.US)	물류 인프라	-4.9%	14.3%	65.9%	131.6%	+9.4%	2.7%	• 글로벌 최대 물류센터 리츠로 미국 물류 허브 내 포트폴리오 보유 • 언택트 시대 수혜 기대되는 리츠로 온라인 유통과 함께 성장 전망 • 기존 물류센터 대비 월등한 우량 자산 보유, 낮은 공실률 유지 중
아메리콜드 (COLD.US)	저온 물류시설	-4.4%	10.6%	N/A	N/A	+4.6%	2.5%	• 글로벌 유일 냉동창고 전문 리츠, 미국 내 시장점유율 2위 • 선진국→신흥국으로 이어질 글로벌 콜드체인 성장 최대 수혜 리츠 • 장기적으로 외형 성장이 수익성으로 이어지며 배당 고성장 기대
디지털리얼티 (DLR.US)	데이터 센터	12.0%	16.8%	26.2%	136.0%	+4.6%	3.4%	• 글로벌 2위 데이터센터 리츠, 전 세계 270개의 데이터센터 임대 중 • 대형·맞춤형 데이터센터인 'Turn-Key Flex' 중심 비즈니스 영위 • 범세계적인 클라우드 수요 증가와 데이터 연결 증가 수혜 리츠
케펠디 씨리츠 (KDCREIT.SP)	데이터 센터	12.5%	58.3%	113.4%	163.8%	+16.1%	3.8%	• 아시아 최초, 최대 데이터센터 리츠 • 8개국에 17개 자산 보유, 그중 76.3%는 코로케이션 • 포트폴리오 평균 임대율 93.6%, 평균 잔여 임차 기간 7.7년
아센다 스리츠 (AREIT.SP)	비즈니스 클러스터	0.8%	6.5%	33.3%	55.8%	+21.8%	5.3%	• 캐피탈랜드를 스폰서로 둔 싱가포르 최대 규모 산업용 리츠 • 4개국에서 198개 포트폴리오 운용, AUM 128억 SGD • 최근 미국 사이언스파크 28개 매입, 시장 확대 지속
메이플트리 로지스틱스 (MLT.SP)	물류 인프라	14.5%	26.5%	110.5%	84.6%	+2.0%	4.6%	• 메이플트리인베스트먼트가 스폰서로 참여한 물류센터 리츠 • 8개국해 143개 포트폴리오를 운용, AUM은 82.7억 SGD • 공급체인 변화로 베트남과 말레이시아 자산군 수혜 전망
하나금융 4차 산업 리츠 평균		4.8%	24.9%	68.6%	122.2%	+9.8%	3.2%	

주: 2020년 5월 12일(미국 시간) 종가 기준, 수익률은 배당의 재투자를 감안한 총수익률 기준
자료: Bloomberg, 하나금융투자

미국 리츠로 4차 산업 건물주가 되라

4차 산업 리츠 투자 전략과 실행 방법

4차 산업 리츠 투자 전략

투자 목적: 장기적인 기업가치의 상승에 초점

4차 산업 리츠는 말 그대로 4차 산업에 필요한 실물 부동산이나 인프라에 투자하는 리츠이다. 앞서 소개한 데이터센터나 통신 인프라는 4차 산업과 관련도가 매우 높은 부동산인데, 관련 리츠에 투자함으로써 투자자는 4차 산업 관련주에 투자하는 효과와 부동산에 투자하는 효과를 모두 누릴 수 있다.

4차 산업 시대의 본격적인 도래와 함께 4차 산업 인프라에 대한 수요가 증가하면 관련 부동산에 투자하는 리츠는 새로운 자산을 인수하거나 개발하며 지속적으로 성장할 것이다. 또한 이러한 투자 행위의 반복은 장기적으로 리츠의 기업가치 상승으로 이어질 것이다. 수요 증가가 크지 않은 일반 상업용 부동산에 투자하는 리츠들과 달리 장기적인 기업가치의 상승을 투자 목적으로 삼아야 하는 이유이다.

투자 기간: 4차 산업 시대와 함께하는 투자 기간

투자 기간investment horizon은 투자자에게 굉장히 중요한 요소이다. 아무리 좋은 자산에 투자하더라도 투자 기간에 따라 투자수익률이 크게 달라질 수 있기 때문이다. 앞서 말한 바와 같이 4차 산업 리츠의 투자 목적은 장기적인 리츠의 기업가치 상승이다. 따라서 4차 산업 리츠 투자는 향후 10년간의 4차 산업 시대와 동행할 각오로 임해야 할 것이다. 투자 기간이 짧아지면 단기적으로 높은 밸류에이션이나 시장 충격과 같은 상황에 노출될 수 있다.

종목 선정: 산업 레벨에서 선정 후 개별 리츠로 확인

투자할 만한 4차 산업 리츠를 골라내기 위해서는 톱다운top-down(하향식) 방식과 바텀업bottom-up(상향식) 방식을 모두 활용하길 추천한다. 톱다운 방식은 일반적으로 매크로→산업→종목 순으로 이어지는 분석 방법이지만, 개인 투자자 입장에서 4차 산업 리츠 종목 스크리닝을 하기 위해선 매크로보다는 산업 레벨에서 시작하는 것이 적절해 보인다.

산업의 경우 우선은 앞서 설명한 통신 인프라, 데이터센터, 물류 유통 인프라, 클러스터 오피스와 관련된 리츠가 해당할 것이다. 장기적으로는 개인 창고나 헬스케어 시설(요양원, 간호시설, 병원) 등에 투자하는 리츠도 유망해 보인다. 산업별 리츠의 특징이나 구성은 미국의 경우 전미리츠협회NAREIT 홈페이지(https://www.reit.com/what-reit/reit-sectors)에서 간단하게 확인해볼 수 있다. 산업을 정했다면 이번에는 바텀업 관점에서 종목을 선정하는 작업이 필요하다.

바텀업, 즉 개별 리츠 관점에서는 우선 리츠의 임차인이 누구인지를 확인하는 것이 중요하다. 4차 산업 리츠는 성장하는 산업과 관련된 자산에 투자하는 경우가 많은데 임차인 또한 4차 산업이나 성장하는 산업을 주도하는 업체인 경우가 많다. 아마존이나 구글처럼 4차 산업에서 핵심적인 역할을 맡는 업체가 높은 비중을 차지할 수도 있다.

또 장기적으로 좋은 성과를 낼 수 있는 4차 산업 리츠 혹은 성장형 리츠는 연간 매출 성장률이 5% 이상인 경우가 많다. 매출 성장률이 연 5%가 되지 않는다면 리츠가 부동산 포트폴리오를 확장하지 못하고 있을 가능성이 높다. 연간 벌어들이는 배당의 재원이나 지급하는 배당금 또한 연 5% 이상 증가해야 한다. 그렇지 못하다면 배당수익률이 높아야 한다.

재무적으로도 안정적이어야 한다. 리츠의 부채는 일반적으로 70~80%가 고정 이자를 지급하는 구조이지만 부채비율(부채/자기자본)에 대한 규제가 없는 미국, 유럽, 일본 리츠 중에서는 가끔 과도하게 많은 부채를 보유하고 있는 경우가 있다. 뒤에서 리츠 투자의 리스크 요인을 한번 더 설명하겠지만, 부채가 과도할 경우 연간 벌어들이는 EBITDA(이자,

세금 미지급 및 감가상각 전 영업이익) 대비 너무 많은 비용을 이자로 지출하고 있을 수도 있다. 이 경우 배당 재원dividend capacity이 빠르게 성장하기 어려울 수도 있다.

결론적으로 산업 레벨에서 먼저 투자할 만한 종목을 대략적으로 선정한 뒤 이후 바텀업 관점에서 개별 리츠의 특징을 자세하게 살펴볼 필요가 있다. 리츠는 실물자산에 투자하는 회사인 만큼 해당 자산들에 대한 특징도 알아보면 좋다. 이러한 정보는 각 리츠의 홈페이지에 있는 투자 정보IR란에서 확인할 수 있을 것이다.

4차 산업 리츠 투자 실행 방법

투자 실행: 종목 투자, 펀드 투자

국내에서 일반 투자자가 리츠에 투자하는 방법은 여러 가지가 있지만, 어떤 방법을 택하는가에 따라 수익률과 위험이 달라질 수 있다는 점을 알 필요가 있다. 4차 산업과 관련된 리츠는 거의 대부분 해외 거래소에 상장되어 있기 때문에 국내 증권사의 해외 주식 계좌를 통해 해당 거래소의 거래 시간대에 HTS나 MTS로 직접 거래하는 방법으로 투자가 가능하다.

이를 위해서는 먼저 국내 증권사에 가서 해외 주식 계좌를 개설해야 한다. 미국이나 일본의 경우 거의 모든 증권사에서 직접적인 거래가 가능하다. 반면 싱가포르는 일부 대형 증권사를 통해서만 직접거래가 가능하다. 글로벌 4차 산업 리츠 투자에서 선택의 폭이 가장 넓은 시장은 미국과 싱가포르인데, 다른 국가 대비 4차 산업과 관련된 리츠의 비중이 높기 때문이다.

이외 일본, 호주, 홍콩, 유럽에도 4차 산업 리츠가 있으나 시장 자체가 리테일, 오피스, 아파트와 같은 상업용 부동산 중심인 만큼 비중이 높지는 않다. 상장 리츠에 대한 직접투자는 세법상 주식 투자와 동일한 개념으로 간주되기 때문에 해외 주식 투자와 동일한 과세를 받는다(양도소득세 22% + 연 공제 250만 원, 배당소득세 15.4% 원천징수).

매매 차익에서 발생하는 양도소득세는 연 250만 원 한도까지 공제가 되지만 배당소득에 대한 과세는 15.4%로 원천징수하고 있기 때문에 연간 배당수익률이 5%인 리츠에 투자하더라도 세후 배당수익률은 4.2%에 불과할 수 있다.

다음으로 국내에 출시된 공모 펀드를 이용하는 방법이 있다. 국내에는 하나금융투자 리서치센터와 자문 계약을 체결하고, 하나UBS자산운용의 운용 전문 인력이 운용하는 하나UBS글로벌온리원리츠펀드가 미국 4차 산업 리츠와 싱가포르 고배당 리츠에 동시에 투자하고 있다. 펀드의 경우 전문 인력들이 리츠 포트폴리오를 관리하기 때문에 투자 전략을 일임하는 형태의 투자가 가능하다. 해당 펀드는 하나금융투자나 하나은행 지점을 방문하거나 각 사의 모바일 애플리케이션을 통해 투자할 수 있다. 온라인을 통해 펀드에 가입하는 시대다. 개인들의 퇴직연금이나 부동산 투자 재원들을 성장하는 펀드에 장기적으로 가입하는 방법을 추천해드린다.

여기까지 글로벌 4차 산업 리츠에 대한 간략한 소개와 하나금융투자의 4차 산업 리츠 포트폴리오, 그리고 투자 전략과 투자 실행 방법에 대해 알아보았다. 다음 장에서는 앞서 설명한 4차 산업 리츠에 대해 각 산업별로 자세히 설명할 것이다. 하나금융 성장형 포트폴리오에 포함된 개별 종목에 대한 설명은 '7장 지금 당장 투자해야 할 4차 산업 리츠 BEST 10'을 하기 바란다.

2장

·

국내 투자자가 글로벌 리츠에
투자해야 하는 이유

01

리츠란, 그리고 리츠 투자를 통해
얻을 수 있는 것들

한국인들에게 부동산 투자는 굉장히 익숙한 투자 수단이다. 일반적으로 부동산 직접투자의 대상으로는 아파트나 단독주택 같은 주거용 부동산과 오피스나 소매용 부동산 같은 비부동산이 있다. 이 중 일반인이 접근하기 쉽고 가장 각광받는 투자는 아파트와 같은 주거용 부동산에 대한 투자이다. 2019년 말 기준 국내 아파트 시가총액은 5000조 원으로 2019년 대한민국 연간 GDP 1800조 원의 2.8배에 달하는 반면, 주식시장인 코스피와 코스닥 합산 시가총액은 1400조 원으로 연간 GDP의 0.8배에 불과하다.

한국인이 부동산 투자를 사랑하는 이유야 여러 가지가 있겠지만,

1990년대 이후 주식시장이 본격적으로 활성화된 지 얼마 지나지 않아 나타난 외환위기나 2000년대 초 IT 버블, 2008년 금융위기 등 큼직한 위기를 겪으면서 주식시장에 대한 불신이 확산돼온 까닭도 있다. 이 말은, 즉 한국 사람들에게 부동산은 상대적으로 안전한 우량 자산군으로 인정받아온 것이다.

이처럼 안전하고 장기적으로 효용이 높은 부동산에 투자하는 것은 적절한 부채 수준만 유지한다면 좋은 투자 방식이 될 수 있다. 문제는 우리 같은 일반인들이 직접투자를 통해 투자할 수 있는 부동산의 종류가 매우 제한적이라는 점이다. 사실상 대부분의 투자는 아파트에 과도하게 함몰되고 있으며 일반인들이 오피스나 소매용 부동산, 더 나아가 조금 뒤에 자세히 다룰 성장형 부동산에 투자할 수 있는 방법은 거의 전무하다고 볼 수 있다. 이러한 '몰빵' 형태의 투자는 우리의 보유 자산 포트폴리오의 최소 50% 이상, 최대 100%를 오로지 실물 부동산 투자에만 의지하게 되는데(거액 자산가가 아니라면 말이다), 부동산 직접투자의 특성상 거래 단위가 매우 크기 때문에 우리는 자본과 부채의 상당 부분을 부동산에 묶는 형태가 된다.

즉 부채와 갭 투자를 통해 부동산을 매입하더라도 실시간으로 움직이는 부동산 가격 변화에 따라 전체 보유 자산가치가 크게 움직인다. 현재는 7년간의 아파트 강세장이 끝나가는 시점이며, 정부의 부동산 정책이 주택 시장에 미치는 영향력을 고려할 때 현시점은 주택에 투자하기 부적절한 시기일 수 있다.

반면 리츠에 투자할 경우 투자 대상이 되는 부동산을 기존의 아파트

미국 리츠로 4차 산업 건물주가 되라

뿐만 아니라 물류 인프라, 통신 인프라, 데이터센터 등으로 다양화할 수 있으며 미국, 싱가포르, 홍콩, 유럽 등 다양한 국가 부동산에 투자할 수 있다. 투자의 대상이 다양해질뿐더러 투자 국가 역시 전 세계를 대상으로 할 수 있다. 리츠 투자는 직접 부동산을 사는 대신 부동산에 투자하는 회사의 지분이나 주식을 사는 것으로 일종의 간접적인 부동산 투자로 이해할 수 있다.

예를 들어 우리가 아파트를 구매하는 것처럼 직접적인 구매 계약을 통해 거래하는 것은 직접투자 형태의 부동산 투자이다. 반면 리츠 투자는 투자자가 직접 부동산을 매입하는 것이 아니라 이미 다양한 부동산을 매입해 운영하고 있는 회사의 지분을 사는 것이기 때문에 간접투자인 셈이다. 이러한 간접투자의 장점은 우리가 직접 투자한 건물을 관리할 필요가 없다는 점이다. 그러나 부동산 직접투자의 경우 건물로부터 유지보수비, 관리비, 보유세 관련 비용이 매년 발생하는데 비용은 둘째치더라도 임차인들에 대한 관리가 필요하기 때문에 시간적으로도 많은 노력이 필요하다.

리츠 투자는 다양한 부동산 포트폴리오를 보유한 일종의 부동산 펀드에 투자하는 개념이기 때문에 이러한 노력이 필요하지 않다는 장점이 있다. 리츠는 일반적으로 전문적인 자산관리 인력을 하나의 부서로 운영하고 있거나 전문 자산관리 업체에 위탁하고 있다.

따라서 우리는 주주의 입장에서 매 분기 보고되는 임대수입이나 비용에 대해 모니터링만 잘하면 된다. 참고로 리츠가 일반 부동산 펀드와 다른 점은 주식의 형태로 거래소에 상장되어 있다는 점인데, 매매에 있어서 부동산 펀드보다 훨씬 자유롭고 관리비용 측면에서 저렴하다는 장점이 있다.

리츠에 투자함으로써 얻을 수 있는 기대수익expected return에 대해 알아보자. 우리가 직접적으로 부동산을 구매할 때 얻을 수 있는 기대수익은 첫 번째는 임대수입이고, 두 번째는 부동산 매각 시 발생하는 자본소득이다. 임대수입은 임차인으로부터 매달 발생하는 임대료에 대한 인컴income 형태의 소득이고, 자본소득은 부동산 가치가 점차 상승함에 따라 발생할 수 있는 부동산 매매 차익이다.

리츠 투자를 통해 무엇을 얻을 수 있을까?

리츠 투자로 얻을 수 있는 기대수익 또한 이와 동일하다고 볼 수 있다. 즉 리츠에서 발생하는 배당소득은 부동산을 직접 투자할 때 얻는 임대료 소득과 같다고 볼 수 있으며, 리츠의 주가 상승은 부동산을 직접 투자할 때 얻는 자본소득과 같다고 볼 수 있다.

국내외를 불문하고 주식형 상장 리츠는 세법상 발생하는 과세이익의 90%를 의무적으로 배당금으로 지급해야 한다. 일반적으로 리츠가 과세이익의 90% 이상을 배당으로 지급할 경우 조세당국은 배당에 대한 이중과세 문제를 막기 위해 리츠의 법인세를 면제해주곤 한다.

따라서 대부분의 국가에서 리츠는 조세 혜택을 목적으로 과세이익의 90% 이상은 무조건 배당으로 투자자에게 지급한다고 봐도 무방하다. 일반 회사의 경우 배당에 대한 특별한 규제가 없기 때문에 내부 주주환

원 정책에 근거해 배당을 지급하지만, 리츠는 매 반기 혹은 분기마다 무조건 배당을 지급한다고 보면 된다.

리츠의 과세이익은 결국 보유 부동산에서 벌어들이는 임대수입으로부터 발생하는데 임대료에서 각종 운영비용을 제한 것으로 볼 수 있다. 리츠는 이러한 과세이익에 근거해 투자자들에게 배당을 지급하는데, 당연한 논리이지만 리츠의 임대수입이 증가하면 과세이익도 증가하고 지급 가능한 배당금 또한 증가한다.

투자자 입장에서는 리츠에서 발생하는 배당소득을 직접 부동산 투자의 임대수입과 유사한 개념으로 받아들일 수 있다. 이것이 리츠 투자에서 얻을 수 있는 첫 번째 소득이다.

두 번째로 리츠 투자자는 장기적으로 리츠 주가의 상승을 통해 자본소득을 얻을 수 있다. 리츠 주가의 상승은 리츠가 가지고 있는 부동산 포트폴리오의 가치가 상승한다는 것과 같은 의미인데, 이는 해당 부동산 포트폴리오가 우량해 꾸준한 수요 증가가 기대된다거나 부동산이 성장하는 산업에 기반했거나 하는 상황에서 나타난다.

부동산 포트폴리오의 가치가 상승함에 따라 리츠의 주가 또한 장기적으로 우상향 흐름을 보인다면 투자자는 구매한 아파트의 가격이 상승하는 것 이상으로 높은 수익률을 얻을 수 있다. 예를 들어 미국의 데이터센터 리츠인 에퀴닉스의 경우 주가는 상장 이후 무려 40배가 되었는데, 성장하는 산업에 투자하는 부동산이 가져다준 결과라고 볼 수 있다.

또한 미국의 바이오 클러스터 전문 리츠인 알렉산드리아리얼에스테이트Alexandria Real Estate의 과거 15년 투자수익률은 동일 기간 마이크로소프트의 주가 상승률을 상회한다. 이처럼 투자하는 리츠의 주가가 상승한다면 우리는 리츠 주식을 매매함으로써 자본소득을 얻을 수 있다.

결론적으로 리츠에 투자함으로써 우리는 부동산에 직접 투자하는 것에 비해 여러 가지 장점을 누릴 수 있다. 즉 다양한 부동산에 투자할 수 있고 동시에 소액으로도 투자가 가능하며, 부동산에 직접 투자하는 것과 같은 형태의 기대수익을 기대할 수 있다.

02

부동산 투자의 경계를 확장하는
글로벌 리츠

국내 리츠 시장은 일본이나 싱가포르와 유사하게 2000년대 초반부터 시작되어 20년에 가까운 긴 역사를 가지고 있지만, 개인 투자자들이 본격적으로 리츠 투자에 관심을 가지기 시작한 것은 불과 2년이 안 되었다. 2001년 이후부터 2018년까지 국내 증권 거래소에 상장되어 있는 공모 리츠 개수는 5개가 채 안되었는데 2020년 1분기 기준 7개로 크게 달라지지는 않았다. 다만 2019년 이후 공모 시장 리츠를 키우려는 정부 정책의 의지가 적극 반영되면서 2020년에 상장을 준비 중인 리츠는 10여 개에 이른다.

2020년 상반기 기준 국내에는 약 260여 개의 리츠가 존재하지만, 개

공모 리츠와 사모 리츠 비교

공모 리츠		사모 리츠
50인 이상	투자자 수	49인 이하
상장 요건 충족 시 한국거래소 상장	상장 의무	없음
위탁판매사(증권사 등)가 공개 청약	모집 절차	자산관리 회사 직접 모집
금융감독원 전자공시시스템(DART) 정기·수시 공시	공시 의무	없음

자료: 이리츠코크렙

인들에게 리츠가 친숙하지 않은 것은 이 중 7개만 주식시장에 상장되어 있어 거래를 할 수 있을 뿐 250개가 넘는 리츠는 사모 리츠이므로 개인들에게 열려 있지 않기 때문이다.

사모 리츠는 49인 이하의 투자자들을 대상으로 자금을 모집해 운영하는 형태이다. 최소 가입금액도 높을뿐더러 정보가 부족한 개인으로서는 애초에 접근하기조차 어려웠다. 국내와 달리 일본과 싱가포르의 경우 리츠를 도입한 것은 2000년 전후로 불과 1년 정도 차이가 나지만, 이 두 나라는 지난 20년간 주식형 공모 리츠를 앞세워 리츠 시장을 활성화시켰으나 한국은 그러지 못했다. 그 결과 현재 일본은 미국 다음가는 초대형 리츠 시장으로 거듭났고, 싱가포르 또한 테마섹Temasek과 같은 국가투자기관이 스폰서 역할을 하는 아시아 2위 리츠 시장으로 발전했다. 싱가포르의 경우 전체 주식시장에서 공모 리츠가 차지하는 비중이 20%에 육박할 정도로 다수의 개인·기관 투자자들이 리츠 투자를 생활화하고 있을 정도이다. 미국의 경우에도 상장 리츠의 시가총액이 약 6% 수준에 이르며, 한국은 0.2%도 되지 않는다.

국내는 아직까지 사모 형태의 리츠가 절대다수인 만큼 개개인이 리

미국 리츠로 4차 산업 건물주가 되라

츠에 대해 제대로 알기도 어려웠으며, 리츠 정보에 대한 접근성도 제한 적이다. 물론 그럼에도 2019년 한 해 동안 7개 남짓한 국내 공모 리츠들은 부동산을 소액으로 투자할 수 있다는 간접투자의 장점과 매년 5% 이상의 높은 배당수익률을 내세우며 큰 인기를 끈 바 있다. 무엇보다 5000원, 1만 원 등 커피 한 잔 가격으로 우량 부동산의 지분을 살 수 있다는 점에서 매력이 높았다.

다만 국내 리츠 투자에는 한 가지 문제점이 존재하는데, 현재까지 상장되어 있는 국내 리츠들의 주요 투자 대상이 오피스나 쇼핑몰과 같은 전통 부동산에 국한되어 있으며 공모 리츠의 개수도 너무 적다는 점이다. 또 공모가를 상회하는 주가 성과를 보여주는 리츠도 적다. 상장 리츠 중 신한알파리츠가 상장 이후 주가 성과가 가장 양호한데, 투자 부동산이 판교 크래프톤타워나 용산 더프라임과 같은 오피스 빌딩이며 핵심지에 위치한 것을 시장이 인정한 결과이다. 시가총액 면에서 가장 큰 롯데리츠(2019년 10월 상장)의 경우 투자 부동산은 8개로 롯데백화점과 롯데마트 등으로 구성되어 있다. 관건은 이들 오피스나 쇼핑몰과 같은 전통적인 부동산들이 온라인 쇼핑이나 디지털 콘택트 시대에 투자자들에게 매력적으로 선뜻 다가오지 않는다는 점이다.

아직까지 투자할 수 있는 부동산 대상의 폭이 좁다는 점은 다소 아쉬운 부분이다. 다만 2020년 올해는 주유소 리츠라거나 아파트 리츠, 해외 부동산 등을 기초 자산으로 하는 리츠가 추가 상장될 계획이므로 우리나라 역시 중장기적으로는 해외와 같이 리츠 투자의 선택폭이 늘어날 것이다.

그러나 앞서 언급했듯이 국내 리츠 시장은 공모의 역사가 상대적으로 짧고 리츠 자산 운용의 생애주기가 몇 번 회전하는 이력을 갖는 상장 리츠가 부족한 형편이다. 이런 국면에서 코로나19와 같은 시대 변화를 가속화하는 이벤트가 발생하면서 갈 길이 먼 국내 리츠 시장의 발걸음을 재촉하고 있는 형국이다. 따라서 당분간은 국내 리츠 시장에 관심을 갖되 현실적으로 글로벌 리츠에 투자를 늘려나가는 것이 적합하다고 판단된다.

전미리츠협회는 미국 주식시장에 상장된 주식형 리츠의 종류를 12가지 산업으로 분류하고 있는데 전통적 부동산 범주에 속하는 주거용, 리테일, 오피스, 숙박·리조트 리츠 외에도 데이터센터, 통신 인프라, 물류·산업용, 헬스케어, 바이오·하이테크 클러스터와 같이 4차 산업과 관련된 성장형 리츠들이 포함되어 있다. 따라서 투자자는 최소 12가지 산업에 속한 다양한 부동산에 투자할 수 있는 것이다. 또한 글로벌 리츠 시장에는 공모 형태로 주식시장에 상장되어 있는 리츠만 500개 이상인데, 글로벌 최대 시장인 미국의 경우 200개가 넘는 주식형 리츠가 상장되어 있다. 2019년 말 기준 미국 상장 리츠의 합산 시가총액은 약 1500조 원이었는데, 이는 코스피와 코스닥 합산 시가총액을 상회하는 수준이다. 미국은 부동산 유동화의 역사가 전 세계에서 가장 긴 만큼 공모 부동산에 모인 투자금액이 상상을 초월한다고 할 수 있는데, 아메리칸타워와 같이 SK하이닉스 시가총액(60조 원)의 2배가 넘는 초대형 리츠들도 존재한다.

미국은 전 세계 리츠 시가총액의 70%를 차지하고 있는 거대 공모 부

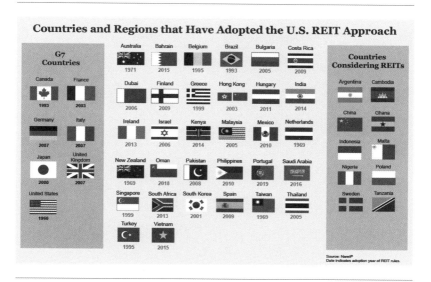

자료: 전미리츠협회

동산 시장으로 유럽이나 아시아 국가와는 비교가 안 될 정도로 긴 리츠의 역사를 가지고 있다(애초에 리츠의 개념을 최초로 도입한 국가 또한 미국이다). 미국은 1960년 아이젠하워 대통령의 부동산 투자신탁법REIT Act 서명을 시작으로 본격적인 리츠의 시대를 열었다. 따라서 현재까지 60년 가까이 되는 긴 공모 부동산 투자의 역사를 가지고 있는 셈이다.

미국에서 주식 형태의 공모 리츠가 본격적으로 활성화된 것은 1990년대 초반이다. 1993년 리츠에 부동산을 매각하면(즉 현물 출자하면) 매각 차익에 대한 과세를 이연해주는 엄브렐러 파트너십 리츠(업리츠 UPREIT)가 도입된 영향이 컸다. 이후 미국 클린턴 대통령이 1999년 리츠 세제 혜택을 유지하는 동시에 임차인 서비스 범위를 확대하는 '리츠 현

**1960년 9월 아이젠하워 대통령
'REIT Act' 서명**

자료: 전미리츠협회, 하나금융투자

**1990년대 이후 미국 주식형 리츠의
고성장**

자료: 하나금융투자

대화 법안REIT Modernization Act'을 통과시키면서 본격적으로 주식형 공모
리츠의 활성화가 나타났다. 같은 해 유럽에서도 유럽 최초의 공모 부동
산협회인 EPRAEuropean Public Real Estate Association가 설립되었는데 이후
네덜란드, 프랑스, 영국을 중심으로 공모 부동산 투자가 활성화되었다.
2001년에는 일본과 싱가포르에서 각각 공모 리츠를 상장시키면서 아시
아 주요 시장에서도 공모 형태의 주식형 리츠에 투자할 수 있게 되었다.

일본의 공모 리츠들은 대기업이 마스터 리스master lease(부동산 개발사
가 건물을 통째로 리츠에 임대한 뒤 리츠가 부동산을 다시 재임대하는 형태의 비즈
니스) 형태의 계약을 통해 자산을 임대하는 앵커anchor 리츠 시장이다.
예를 들면 일본의 미쓰이Mitsui, 스미토모Sumitomo, 미쓰비시Mitubishi와
같은 건설·디벨로퍼 그룹들이 부동산을 개발한 뒤 해당 부동산 포트폴
리오를 전문 리츠에 위탁해 임대하는 것이다. 이 같은 구조 때문에 일본
리츠는 대기업 그룹이나 건설·개발사들이 최대주주로 자리 잡거나 최
대 임차인인 경우가 많다. 예를 들어 일본 1위 리츠인 닛폰빌딩투자법인

의 최대 임차인은 미쓰이부동산으로 전체 임대면적의 23%를 차지하고 있다. 일본의 리츠는 도쿄와 오사카, 나고야 등지를 중심으로 하는 오피스, 주거용, 리테일, 호텔 등이 주요 투자 대상이다. 물류 인프라나 산업 시설에 투자하는 리츠로는 대표적으로 미국 프롤로지스의 일본 투자법인인 닛폰프롤로지스(3283)와 GLP J리츠(3281)가 있다. 참고로 일본 리츠의 수익률은 도쿄거래소 리츠 지수TSE REIT Index를 통해 트래킹할 수 있으며 〈en.japan-reit.com〉 홈페이지를 이용하면 개별 리츠의 배당수익률이나 최근 주가 성과를 손쉽게 확인할 수 있다.

싱가포르는 아시아 2위 리츠 시장으로 40개 이상의 리츠가 공모 형태로 증권 거래소에 상장되어 있다. 싱가포르 자본시장에서 주식형 공모 리츠는 매우 큰 비중을 차지하고 있는데 정부 기관이나 국부펀드에서 리츠에 직접 투자해왔기 때문이다. 싱가포르 리츠 시장은 싱가포르 재무부가 지분 100%를 보유하고 있는 국영 투자 그룹 테마섹홀딩스Temasek Holdings가 지배구조 정점에 위치하고 있다. 싱가포르 상위권 리츠들의 모母투자회사인 케펠코퍼레이션Keppel Corporation, 캐피털랜드CapitaLand, 메이플트리Mapletree(국영기업) 등이 모두 테마섹이 최대주주로 있거나 애초에 국영기업이기 때문이다. 정부 차원의 투자로 싱가포르 상장 리츠 합산 시가총액은 국가 전체 주식시장 시가총액의 10% 이상을 차지하고 있으며, 이는 어느 국가의 주식시장보다도 높은 수준이다.

싱가포르 리츠는 미국 리츠처럼 다양한 종류의 부동산에 투자하고 있는데 물류 인프라, 사이언스파크, 하이테크 빌딩, 데이터센터와 같은 부동산을 예로 들 수 있다. 싱가포르에서 시가총액이 가장 큰 리츠는 아센다스리얼에스테이트Ascendas Real Estate로, 싱가포르 투자 그룹 캐피털랜드를 스폰서로 두고 있는데 8조 원 규모의 비즈니스 클러스터 리츠이다. 아센다스리얼에스테이트의 부동산 포트폴리오는 매우 다양한데 부동산 가치 기준으로 비즈니스&사이언스파크 44%, 물류센터 25%, 창고 및 산업 시설 31%에 각각 투자하고 있다. 싱가포르 역시 iEdge S-REIT Index라는 종합적인 리츠 지수가 존재하며, 〈sreit.fifthperson.com〉 홈페이지를 이용하면 마찬가지로 개별 리츠의 배당수익률이나 순부동산 가치 등을 쉽게 확인할 수 있다.

싱가포르 리츠의 투자 구조: 높은 국부펀드 투자 비중

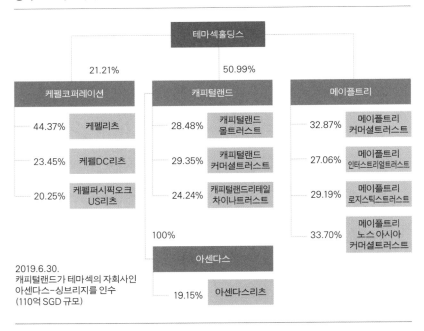

미국 리츠로 4차 산업 건물주가 되라

성장하는 부동산에 투자해야 하는 이유

성장형 리츠란 무엇인가?

지금까지는 미국과 일본, 싱가포르를 예로 들면서 글로벌 리츠 시장이 국내 리츠 시장보다 얼마나 광범위하고 다양한지를 설명했다. 우리는 앞 절 내용을 통해 전 세계 다양한 부동산에 투자할 기회를 얻을 수 있다는 것을 알았다. 이제부터는 이러한 글로벌 리츠 중 '성장형 리츠'로 분류되는 리츠들의 이야기를 해볼 것이다.

결론부터 말하자면 성장형 리츠는 현재 수요가 크게 증가하고 있거나 앞으로 크게 증가할 것이 예상되는 부동산에 중점적으로 투자하는 리츠이다. 성장형 리츠는 보통 4차 산업과도 관련도가 높기 때문에 4차 산업 리츠라고도 부를 수 있다. 이들의 지난 10년간의 투자 성과는 전통적인 상업용 부동산에 투자하는 리츠를 크게 상회해왔다.

2008년 글로벌 금융위기 직후까지도 글로벌 리츠 시장의 중심은 리테일이나 주거용과 같은 전통 부동산에 투자하는 리츠였다. 글로벌 최대 리츠 시장인 미국의 주식형 리츠 시가총액은 2009년 9월 말 기준 2500억 달러(한화 약 310조 원)였는데 상장된 주식형 리츠 개수는 총 115개였다. 당시 310조 원 중 사이먼프로퍼티그룹Simon Property Group(티커명 SPG)이나 리얼티인컴Realty Income(티커명 O)과 같은 리테일 리츠가 20%의 비중을 차지했으며, 나머지 30%는 주거용·오피스·헬스케어 리츠 등이 차지했다. 2009년 미국의 리테일 리츠는 대형 쇼핑몰이나 아울렛을 중심으로 꾸준한 수익을 올렸는데, 당시만 하더라도 대부분의 소비는 오프라인 중심이었기에 임대 수요 측면에서 안정적인 모습을 보였다.

10년이 지난 2019년 9월 말 미국 리츠의 합산 시가총액은 1조 2700억 달러(약 1580조 원)를 기록했는데, 이는 2009년 대비 5배 가까이 증가한 수준이었다. 2019년 미국 주식형 상장 리츠 개수는 10년 전 대비 65개 증가한 180개로 늘어났다. 재미있는 부분은 10년 전과 비교했을 때 미국 리츠 시장을 구성하는 부동산의 종류가 크게 바뀌었다는 점이다. 대표적으로 2019년 리테일 리츠가 미국 리츠 합산 시가총액에서 차지하는 비중은 2009년보다 6%p 줄어든 14%를 기록한 반면, 통신 인프라에 투자하는 리츠가 미국 리츠 합산 시가총액에서 차지하는 비중은 15%로 상승했다. 2019년 통신 인프라 리츠는 미국 리츠 시가총액에서 산업별 기준 가장 큰 시가총액(약 240조 원)을 차지했는데, 개별 시가총액 1위 리츠 또한 10년 전 사이먼프로퍼티(리테일)에서 아메리칸타워(통신 인프라)로 바뀌었다.

지난 10년 동안 미국 리츠 시장에서 나타난 변화들은 특정 산업에서 발생하는 부동산 수요가 리츠의 기업가치 변화에 얼마나 크게 작용하는지를 설명하고 있다. 리츠의 기업가치 상승은 리츠가 보유한 부동산 포트폴리오 가치의 상승을 의미한다. 부동산 포트폴리오의 가치가 상승한다는 것은 부동산이 벌어들이는 임대수입이 앞으로 상승하는 것을 의미하는데, 부동산에 대한 수요가 높을수록 벌어들이는 임대수입 또한 더욱 가파르게 상승할 것이다. 부동산의 임대수입 성장이 부동산 가치 상승에 중요하게 작용한다는 점만 기억하면 된다. 성장형 부동산은 이러한 임대수입의 성장이 일반 부동산보다 크게 나타나는 부동산들인데, 성장형 부동산에 대한 수요가 기존 상업용 부동산보다 높기 때문이다. 그리고 이들 성장형 부동산에 투자하는 리츠가 바로 성장형 리츠이다.

성장형 리츠: 총수익률 관점에서 접근하라

일반적으로 리츠 투자자들은 배당수익률에 관심이 더 많다. 리츠는 실물 부동산을 매입하고 부동산 임대 사업에서 발생하는 이익을 배당으로 지급하기 때문이다. 반면 우리가 리츠에 투자함으로써 얻을 수 있는 기대수익은 두 가지로 나뉘는데, 첫 번째는 배당소득이고 두 번째는 주가 상승에서 나타나는 자본소득(매매 차익을 통해 얻는 소득)이다. 배당소득과 자본소득을 더하면 리츠 투자로부터 얻을 수 있는 총수익률이 나온다.

성장형 리츠 투자는 자본소득을 포함한 총수익률 관점에서 접근할 필요가 있다. 성장형 리츠는 장기적으로 보유 가치의 상승이 기대되는 부동산 포트폴리오의 집합이기 때문이다. 리츠의 보유 부동산 가치 상승은 결국 연간 배당금의 성장으로 연결되는데, 배당의 성장이 높게 나타날수록 리츠의 가치 상승도 높다고 볼 수 있다.

리츠의 배당은 일반적으로 분기나 반기를 기준으로 지급한다. 배당을 분기마다 지급하는 리츠라면 분기 배당금에 4를 곱해 연간 배당금을 계산해볼 수 있다. 반기 배당 리츠라면 2를 곱하면 된다. 연간 배당금을 계산하는 이유는 리츠 투자의 연간 배당수익률을 계산하기 위함이다.

A라는 리츠의 현재 주가가 40달러이고 분기 배당금이 0.5달러라면 연간 배당수익률은 5%가 된다(2달러÷40달러=5%). 현재 주가가 80달러라면 연간 배당수익률은 2.5%로 떨어진다(2달러÷80달러=2.5%). 이 경우 당연한 이야기이지만 투자자는 동일한 2달러를 배당 받더라도 주가가 40달러인 리츠에 투자할 것이다. 투자하는 자본 대비 배당으로 받는 수익률이 높기 때문이다.

다만 성장형 리츠들은 2~3%의 낮은 연간 배당수익률을 기록하는 경우가 많지만, 장기적으로 5% 이상의 높은 배당률을 보이는 전통 리츠보다도 높은 총수익률을 기록하곤 한다. 대표적인 성장형 리츠인 에쿼닉스는 2016년 한 해 동안 주당배당금DPS으로 7달러를 지급했다. 당시 에쿼닉스의 주가가 385달러였던 점을 감안하면 연간 배당수익률은 2.3%에 불과했다. 반면 주가는 2016년 한 해 동안 24% 가까이 상승했는데 연간 총수익률은 약 26%(2.3%+24%)를 기록했다.

반면 글로벌 최대 요양원 리츠 웰타워Well Tower(티커명 WELL)의 2016년 연간 배당수익률은 5.5%였는데, 2016년 한 해 동안 주가는 6.6% 상승하며 연간 총수익률은 약 12%(5.5%+6.6%)를 기록했다. 연 12%의 수익률은 나쁘지 않은 수준이지만, 여기서 말하고 싶은 것은 배당수익률이 상대적으로 낮음에도 불구하고 높은 총수익률을 기록하는 리츠들이 존재한다는 점이다. 일부 투자자들은 성장형 리츠의 배당수익률이 만족스럽지 못하다는 이유만으로 투자 유니버스에서 제하곤 하는데, 장기적인 총수익률 관점에서는 성장형 리츠가 전통 리츠를 상회하는 경우가 많다.

다시 말하지만 장기적으로 높은 주가수익률을 기록할 수 있는 성장형 리츠는 현재 높은 수요가 나타나고 있거나 향후 수요 증가가 기대되는 이른바 성장형 부동산에 중점적으로 투자하는 리츠들이다. 성장형 리츠가 각광받는 이유는 이들이 보유한 부동산이 우리가 일반적으로 아는 아파트, 오피스, 쇼핑몰과 같은 전통형 자산이 아닌 기술혁신 산업이나 신성장 산업에 필요한 자산이기 때문이다.

성장형 리츠는 보유 부동산 자체가 성장하는 산업에 반드시 필요한 인프라이기 때문에 장기적으로 높은 수요를 기대할 수 있다는 것이 가장 큰 장점이다. 리츠는 부동산의 가치 상승을 장기적으로 주가에 반영하기 때문에 성장형 리츠는 배당수익 자체보다는 배당 성장이 주가의 핵심 요소가 되는 것이다. 결론적으로 성장형 리츠에 투자할 때는 배당수익률과 자본수익률을 모두 감안한 총수익률 관점에서 접근해야 한다.

코로나19 사태에서 성장형 리츠가
아웃퍼폼하는 이유

　2020년 초까지 미국 리츠 중에서 높은 배당수익률을 기록했던 산업은 호텔·리조트, 요양원·간호시설, 리테일(백화점·쇼핑몰)과 같은 전통 부동산이었다. 문제는 이들이 코로나19의 확산으로 수요 타격이 가장 심각했던 산업이라는 점이었다. 소비자 수요가 급감하자 리츠 임대수입의 대부분을 책임졌던 대형 임차인들의 매출이 감소하기 시작했고, 고정비용 부담을 덜기 위해 건물주에게 임대료 할인이나 일시적 감면을 요구했다. 호텔 리츠의 경우 대형 임차인은 메리어트·하야트와 같은 대형 호텔 그룹이었는데, 이들은 3월부터 커다란 영업이익 적자를 기록했다.

　전통 리츠의 높은 배당수익률은 높은 배당성향에서 비롯되었는데, 이는 시장이 좋을 때는 문제가 아니었다. 다만 코로나19로 임대 수요가 급감하는 상황에서는 재무 건전성을 유지하는 데 걸림돌이 되었다. 높은 배당성향은 많은 현금의 유출을 의미했기 때문이다.

　미국에서 코로나19 확산이 가파르게 증가했던 3월 초부터 호텔과 리테일 리츠를 중심으로 배당 삭감 이슈가 부각되었고, 관련 리츠의 주가는 크게 하락했다.

낙폭이 가장 컸던 호텔 리츠의 최대 낙폭은 무려 70% 이상이었고, 요양원·간호 시설을 기초 자산으로 하는 헬스케어 리츠의 낙폭 또한 60% 이상이었다.

성장형 리츠는 2020년 초 이후 코로나19 팬데믹pandemic에서 비롯한 글로벌 증시 대폭락장에서도 상대적으로 양호한 주가 흐름을 보였다. 2020년 4월 20일 기준 아메리칸타워(통신 인프라)와 에퀴닉스(데이터센터)의 주가는 연초 대비 각각 11%, 19% 상승했는데 MSCI 미국 리츠 지수가 연초 대비 23% 하락한 점을 감안 시 연초 이후 차별화된 주가 흐름이었다. 이는 성장형 리츠들의 기초 자산이 코로나19의 확산에도 불구하고 상대적으로 견조한 수요를 보였기 때문이다.

소비자들은 오프라인 마트에 가는 대신 온라인 주문을 통해 생활필수품을 구매했으며, 사태가 길어지자 서적과 게임기 같은 엔터테인먼트 제품을 구매하기 시작했다. 초반에 필수소비재에 집중되었던 이커머스 소비도 점차 다양한 제품을 소비하는 형태로 변화했다. 사람들은 밖에 나갈 수 없었기에 자택에서 넷플릭스와 유튜브를 시청했으며, 관련 데이터 트래픽은 연이어 사상 최고치를 기록했다.

코로나19 충격 속에서도 성장형 리츠의 주가가 견조했던 이유는 이들의 투자 자산이 디지털 콘택트 소비나 4차 산업 소비로부터 수혜를 보았기 때문이다. 높은 배당수익률에 의존하는 전통 리츠들은 이익이 감소하고 배당이 삭감되자 투자 매력을 잃었지만, 성장하는 산업에 투자하는 리츠들은 위기 속에서도 견조한 모습을 보였다. 코로나19 사태를 통해 우리는 산업의 성장성이 얼마나 중요한지 다시금 확인할 수 있었으며, 부동산에서도 동일한 논리가 적용된다는 점 또한 깨달을 수 있었다.

3장
•
앞으로 10년을 지배할
글로벌 4차 산업 리츠의
핵심 분야

01

통신 인프라:
통신 인프라가 없다면 5G도 없다

통신 인프라 리츠는 셀타워cell tower(기지국)나 스몰셀small cell(가로수나 전신주에 부착하는 소형 통신 노드)과 같은 무선통신 인프라를 보유 및 임대하는 리츠이다. 통신타워는 우리가 산이나 평지에서 흔히 볼 수 있는 대형 기지국이며, 스몰셀은 일종의 소형 기지국이다.

 미국에서 5G 투자가 확대될 것이 예상되면 우리는 버라이즌, T모바일과 같은 통신 사업자나 에릭슨Ericsson, 시스코Cisco와 같은 통신장비 업체의 수혜를 떠올릴 것이다. 통신사는 장기적으로 5G 인프라를 구축하고 관련 서비스를 확대함으로써 소비자들로부터 5G망 이용에 대한 대가를 지불 받을 수 있으며, 통신장비 업체들은 5G 투자 과정에서 통

셀타워와 스몰셀

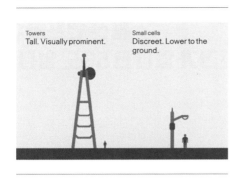

신장비 판매가 증가하기 때문이다.

다만 이러한 논리는 5G 도입에 필요한 통신 인프라, 즉 실물 부동산에도 똑같이 적용될 수 있다. 미국의 아메리칸타워, 크라운캐슬인터내셔널, SBA커뮤니케이션즈SBA Communications 등의 통신 인프라 리츠들은 20년도 더 전부터 통신사들에게 관련 인프라를 임대해왔다.

이들이 소유하는 통신 인프라는 소유권 측면에서 통신사 중립neutral 적인 특성을 가진다. 쉽게 말하자면 SKT 기지국에는 LG U+의 통신장비가 부착될 수 없지만(서로 경쟁사이기 때문에), 임대 사업자 소유의 중립형 기지국에는 SKT와 LG U+의 통신장비가 모두 부착될 수 있다. 이러한 중립적인 특성 덕분에 통신 인프라 리츠의 타워당 이익은 타워 수요가 늘어날수록 증가하는 모습을 보인다. 타워 한 대당 발생하는 이익이 비교적 높기 때문에 비교적 낮은 가격으로 통신 인프라를 통신사에 임대해줄 수 있다.

통신사는 원활한 통신 서비스 제공을 위해 전국 각지에 통신 인프라를 건설하고 운영해야 한다. 전문 임대 업체가 나타나 통신 인프라를 값싼 가격에 임대해준다면 보다 낮은 비용으로 통신 서비스를 운영할 수 있다. 따라서 현재 미국 통신 인프라 시장은 임대 사업자 중심으로 재편

되었다. 약 95%의 통신 인프라가 임대 사업자 소유이다. 이와 같은 배경 때문에 통신 인프라에 대한 수요가 증가하면 통신 인프라 리츠의 자산 가치가 상승할 수 있다.

아메리칸타워의 주가는 지난 10년 동안 연평균 18% 상승해왔다. 구체적으로 2010년 3월 아메리칸타워의 주가는 43달러에 불과했는데, 2020년 2월 기준 아메리칸타워의 주가는 256달러까지 상승하며 6배가 되었다. 투자의 대가 피터 린치Peter Lynch의 표현을 빌리면 이른바 6루타 주식인 것이다. 크라운캐슬의 주가 또한 지난 10년 동안 연평균 14% 상승했다. 주가로는 5배가 되었다. 미국 최대 통신사 AT&T의 현재 주가가 10년 전 대비 불과 13% 상승한 상태이고, 시스코의 주가가 10년 전 대비 2배 남짓 상승한 것을 보면 역사적으로 통신 인프라 리츠의 주가 성과가 훨씬 좋았다고 할 수 있다.

더 많은 인프라를 필요로 하는 5G

과거 3G에서 4G로 기술이 이동할 때에도 통신 인프라 리츠의 주가 성과는 매우 훌륭했지만 5G 시대를 앞둔 현재는 한 차원 높은 투자 매력을 보이고 있다. 5G가 도입되려면 왜 통신 인프라가 늘어나야 할까? 5G는 3.5GHz 근처의 중대역mid-band 주파수와 28GHz 이상의 초고대역(밀리미터파mmWave) 주파수로 구분된다. 현재까지 4G LTE에서 주력으로 사용하고 있는 850Mhz이나 1.8GHz의 주파수보다 한 차원 높은 주파수 대역으로 볼 수 있다.

전파의 주파수가 높다는 것은 전자파가 1초 동안 진동하는 파동의 수가 더 많다는 것을 의미하는데, 주파수가 높을수록 한 번에 전송할 수 있는 데이터의 양 또한 증가한다. 높은 주파수 대역을 통신망에 사용하면 한 가지 문제점이 발생하는데, 전송할 수 있는 데이터의 양이 증가하는 만큼 데이터의 전송 속도는 빨라지지만 전자파가 뻗어나가는 힘은 이와 반비례해 약해진다는 점이다. 따라서 5G에서는 기존 4G보다 네트워크 속도는 훨씬 빨라지지만 건물 외벽과 같은 장애물에 대한 투과성이 낮아지고 전파가 도달하는 거리가 낮아 이론상으로는 훨씬 많은 통신설비를 필요로 한다(일반적으로 4G LTE 기지국의 도달 거리는 약 15km이지만 5G의 경우 3.5km에 불과하다).

다만 아직까지 5G 서비스에 필요한 인프라 구축은 시작 단계에 머물고 있다. 국내에서는 2019년 4월 3일 국내 통신 3사인 SKT, LG U+, KT가 동시에 세계 최초로 5G 상용화 서비스를 시작했다. 현재 5G 서비스가 개시된 지 1년 이상 지났지만 통신사 5G 서비스 품질 논란은 지속되

4G와 5G 대역폭

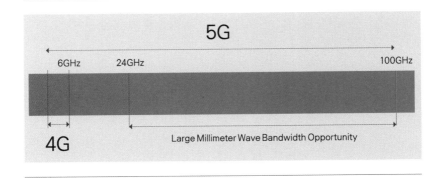

미국 리츠로 4차 산업 건물주가 되라

고 있다. 국내 통신사들이 제공하는 5G 서비스를 이용해보면 알겠지만 장소(건물 안팎, 지하 등)나 지역(수도권, 지방)별로 서비스 품질이 크게 다르다. 특히 통신 인프라가 부족한 지역에서는 5G망이 LTE로 자동 치환되는데, 이는 현재의 통신 인프라가 5G를 단독으로 사용하기에 부족하기 때문이다.

2019년 5G 상용화 이후 국내 통신 3사는 매주 약 2000~3000개에 달하는 5G 기지국을 건설해왔는데, 2020년 2월 말 기준 국내 5G 기지국 수는 10만 9000개에 달하고 있다. 이는 지난 11개월간 7만 3000개가 증가한 수준으로 서비스 상용화 초기 대비 5G 기지국 수는 3배가량 증가한 셈이다. 다만 전국의 4G LTE 기지국이 87만 개에 달하는 점을 감안하면 아직까지는 턱없이 부족한 상황이다.

미국의 5G 인프라는 더욱 부족하다. 미국 무선통신산업협회CTIA에 따르면 현재 미국에는 15만 4000개의 셀타워가 운영되고 있으며, 향후 제대로 된 5G 통신망을 구축하려면 이보다 훨씬 많은 통신 인프라가 필요하다는 입장이다. 미국의 대형 통신 사업자 AT&T는 5G 네트워크의 본격적인 도입을 위해서는 앞으로 미국 내 30만 개 이상의 매크로 셀타워가 추가로 건설되어야 한다고 언급한 바 있다. 이 경우 미국 내 통신 타워 수는 현재의 3배가 되는 것이다. 매크로 셀타워의 중간 매개채 역할을 할 스몰셀 또한 빠르게 증가해야 하는데, 미국 내 스몰셀 개수는 2018년엔 8.6만 개에 불과했지만 2026년에는 80만 개까지 늘어날 것으로 추정된다. 5G 상용화가 시작된 2019년 미국 5G의 디바이스 침투율 penetration rate은 고작 1%에 불과했으며, 2020년 말에도 4~5%에 불과할 전망이다. 다만 주요 통신사의 중대역 밴드 투자가 본격화된 이후부터는 5G 침투율이 빠르게 상승할 전망이며, 시장조사기관에 따르면 2025년 미국의 5G 침투율은 50%를 초과할 것으로 보인다.

미국 내에서 가장 많은 5G 커버리지 영역을 보유하고 있는 T모바일은 2019년 기준 5000개 도시에 5G 서비스를 하고 있는데 아직까지는 600MHz 대역폭을 활용한 LTE 혼용 구조이다. 미국 5G 단독형 네트워크5G Stand Alone Network의 도입은 빠르면 2020년 말에 가능할 것으로 보이는데, 미국 5G의 핵심이 될 3.5GHz 이상의 중대역 주파수CBRS, C-band 경매가 2020년 하반기에 마무리될 예정이기 때문이다.

5G가 가져올 변화

향후 5G 인프라가 점차 구축되어 미래에 100% 활용이 가능해질 경우 5G가 가져올 변화는 3G나 4G LTE와 달리 단순한 네트워크 속도 상승에서 그치지 않는다. 이는 5G가 매우 높은 주파수 대역을 이용함으로써 초저지연 통신망 역할을 수행할 수 있기 때문인데, 이는 초저지연은 사물인터넷이나 자율주행과 같은 4차 산업 기술의 기반이 된다고 해도 과언이 아니다.

자율주행차는 대표적인 5G 기반 기술이라 할 수 있는데, 사람의 간섭 없이 스스로 운전하는 자율주행의 경우 주변의 모든 사물과 실시간으로 통신을 하면서 주행한다. 이때 자율주행차는 주행 중 갑작스런 돌발 상황에 대처할 수 있을 만큼 빠른 반응 속도(초저지연 반응 속도)를 가질 수 있어야 하는데, 최소 인간의 인지능력 수준까지는 따라와야 우리가 자율주행차를 사용할 만한 근거가 생긴다.

　예를 들어 시속 100km의 속도로 차가 달릴 때 1초에 움직이는 거리는 약 27m인데, 4G LTE에서는 20ms 이상의 지연 속도가 존재하기 때문에 차가 주변을 확인하고 브레이크를 밟을 때까지 1m 이상 나아간다. 고속으로 달리는 차는 브레이크를 밟더라도 제동 거리가 매우 길기 때문에 사물 발견 1m 후에 브레이크를 밟는다고 가정하면 물체를 시속 100km 그대로 받아버릴 확률이 높다. 반면 5G를 사용할 경우 통신 속도는 4G LTE 대비 20배가량 빨라지기 때문에 자율주행차가 사물을 인식한 지 불과 2.7cm 이동(시속 100km 속력으로 달리고 있는 상황이다) 후에 차는 브레이크를 밟는다. 사실상 확인과 동시에 브레이크가 밟히는 것이다. 비교적 완전한 자율주행 기술의 도입은 모든 도로에서 5G가 100% 안정적으로 구축되어야 가능할 것이다.

　앞서 언급했듯이 5G에서 사용되는 고주파 대역은 뻗어나가는 힘이 약해 4G와 동일한 범위를 커버하기 위해서는 훨씬 많은 기지국 혹은 노드가 필요하다. 또한 자율주행이나 사물인터넷과 같은 4차 산업 기술들이 진가를 발휘하기 위해서는 앞으로도 대규모의 5G 통신 인프라 투자가 선행되어야 할 것이다. 통신 인프라는 4차 산업 구현에 반드시 필요한 인프라이며, 이러한 인프라에 투자하는 통신 인프라 리츠의 장기적인 가치 상승이 기대된다.

데이터센터:
디지털 인프라를 넘어 디지털 플랫폼으로

데이터센터의 시초는 1960년대 정부 기관이나 민간 IT 업체가 커다란 메인 프레임 컴퓨터를 모아두었던 컴퓨터실이었다. 1970년대 IBM이 소형 상용 컴퓨터를 개발하면서 데이터센터는 재난 발생 시 데이터를 복구할 수 있는 공간으로 활용되기 시작했다.

현재의 데이터센터는 서버를 전문적으로 관리하는 일종의 커다란 디지털 창고라 볼 수 있는데 일반적인 창고와는 달리 발전기, 배터리, 전력 분배 장치와 같은 유틸리티 설비와 환기 및 냉각 시스템이 내부에 구비되어 있는 첨단 기술의 집약 공간이다. 최근에 설치되는 데이터센터는 내부에 로비, 미팅룸이 구성되어 있기도 하다.

1970년대 데이터센터

자료: racksimply

데이터센터는 2000년대 초 인터넷의 발달과 함께 기업들이 처리해야 하는 데이터의 양이 증가하고 전문적인 서버 공간을 필요로 하게 되면서 수요가 본격적으로 증가하기 시작했다. 다만 데이터센터 특성상 초기 투자비용이 높고 시설을 구성하는 데 필요한 전문 지식이 많아 어지간한 대기업이 아니고서는 전문적인 데이터센터를 구축하기가 쉽지 않았다. 이때 등장한 것이 현재의 데이터센터 리츠와 같은 데이터센터 전문 운영 업체들이다.

데이터센터 전문 운영 업체 또는 IDCInternet Data Center 업체들은 전문적인 서버 관리를 필요로 하는 다양한 임차인들을 하나의 데이터센터에 모아놓고 각자의 서버를 두게 함으로써 서버 임대 형태의 데이터센터를 구성했다. 이들은 전력 공급, 통풍·냉각 등 유지보수, 보안 등의 서비스를 전문적으로 제공하며 기업들로부터 일종의 '임대료'를 받기 시작했는데, 각 임차 기업들이 지불하는 임대료는 통상적으로 사용하는 서버 전력에 기반해 책정되었다. 이렇게 시작된 비즈니스가 바로 데이터센터 코로케이션co-location인데 기업 입장에서는 코로케이션을 이용하면 자체적인 서버가 없어도 IDC 업체가 제공하는 서버 호스팅을 통해 서버를 임대 받아 사용할 수 있었다. 특히 대규모 서버를 필요로 하는 IT 업체나 금융회사들은 자체적인 데이터센터를 건설하는 것보다 전문 업체로부터 임대하는 편이 비용 측면에서 훨씬 유리했기에 IDC들은 이들로부터 높은 수요를 누리게 되었다.

이후 2000년대 후반까지 이들 전문 데이터센터 운영 업체들의 주요 임무는 안정적인 유틸리티 공급이나 시설 보안과 같은 말 그대로 물리적인 공간을 관리하는 것이었다. 물론 말이 물리적인 공간을 관리하는 것이지 전력과 관련된 모든 기술을 책임졌고(발전기, 배터리, 배전, 비상 전력장치 등) 서버 컴퓨터 냉각을 위해 각종 냉각장치를 구성 및 관리하는 역할을 맡아왔다. 또한 발전하는 해킹 수법에 대비하기 위해 사이버 보안에도 노력을 기울였다.

2010년대 초반부터는 글로벌 데이터센터 시장의 판도가 다소 바뀌었는데 기존의 물리적 서버를 구독의 형태로 대체할 수 있는 클라우드 컴퓨팅이 빠르게 상용화되었기 때문이다. 특히 인프라 형태의 클라우드 서비스인 IaaS는 컴퓨터의 세 가지 기본 요소(계산, 저장, 네트워크)를 구독 서비스의 형태로 제공했는데 IaaS 시장은 아마존웹서비스AWS나 마이크로소프트 클라우드와 같은 대형 사업자를 중심으로 빠르게 성장했다. IaaS를 활용할 경우 기업 입장에서는 기본적인 서버 환경을 공급받을 수 있었기 때문에 굳이 비싼 돈을 들여가며 물리적인 데이터센터를 보유할 필요가 없었다. 대표적으로 미디어 스트리밍 기업인 넷플릭스는 1997년 설립 이후 줄곧 데이터센터를 활용한 스트리밍 서비스를 제공했지만, 이후 스트리밍 끊김 현상 등을 이유로 2016년까지 총 7년에 걸쳐 자체 데이터센터에 기반한 스트리밍 서버를 모두 AWS 클라우드로 전환했다.

다만 재미있는 것은 클라우드 컴퓨팅의 가파른 성장이 예상과는 달리 IDC를 향한 코로케이션 수요와 홀세일wholesale 수요를 증가시켰다는 점이다. 아마존, 마이크로소프트, 구글과 같은 대형 클라우드 사업자들은 가파르게 늘어나는 클라우드 수요를 충족시키기 위해 미국을 포함한 글로벌 전역에서 투자를 확대해왔는데, 이들은 글로벌 각지에 자체 데이터센터를 짓기도 했지만 비용 측면에서 유리한 코로케이션 또한 크게 활용했다. 예를 들어 AWS는 국내에서 현재까지 3개의 데이터센터를 운영 중인데 이들은 모두 자체 보유 데이터센터가 아닌 국내 통신사 데이터센터 일부를 임대하고 있는 형태이다.

대형 클라우드 사업자의 인프라 투자 확대로 최대 IDC 사업자인 중립형 데이터센터 리츠(에퀴닉스, 디지털리얼티 등)들과 클라우드 사업자들 간의 비즈니스 관계가 형성되었고, 데이터센터 리츠들은 이들과의 파트너십 체결을 통해 현재는 IDC 내에서 다양한 클라우드 환경을 제공할 수 있게 되었다.

여담으로 2013년 미국에서 임대형 데이터센터를 과연 일반적인 상업용 부동산으로 봐야 하는지에 대한 논의가 오간 적이 있었다. 당시 결과에 따라 일부 데이터센터 운영 업체는 리츠로 전환이 불가능할 수도 있었다. 다만 미국 국세청IRS이 데이터센터 코로케이션도 임대수입과 감가상각이 발생한다는 점을 상업용 부동산의 특징으로 인정했고, 대표적인 데이터센터 리츠 에퀴닉스 또한 2015년에 리츠로 전환할 수 있었다.

클라우드-IDC 비즈니스 관계가 형성되며 부각된 비즈니스 모델이 바로 상호 연결interconnection이다. 상호 연결은 간단히 말해 네트워크 사업자(통신사, 케이블 사업자), 클라우드 사업자 및 일반 기업들이 글로벌 상호 네트워크나 서버 연결을 보다 저렴하고 원활하게 할 수 있도록 도와주는 인터넷·데이터 연결 서비스이다. 과거에도 상호 네트워크를 연결하는 인터넷 중개internet exchange 역할의 상호 연결 서비스는 존재했으며, 중립형 데이터센터 사업자들은 경쟁 구도에 있는 네트워크 사업자들의 네트워크 자원resource을 중개해 인터넷을 구성하는 데 핵심적인 역할을 해왔다. 다만 최근 몇 년 동안은 상호 연결 서비스의 종류도 콘텐츠 중개나 클라우드 연결과 같은 다양한 범주로 확대되고 있다. 이는 글로벌 각 지역에서 엣지 역할을 담당하는 데이터센터의 수가 증가하고 있으며, 대형 클라우드 사업자들이 글로벌 데이터 시장에서 차지하는 역할 또한 과거와 대비해 크게 확대되었기 때문이다.

데이터센터 리츠가 만드는 데이터 상호 연결 플랫폼이 일반 기업들에게 어떤 장점을 가져다줄 수 있는지 가상의 예를 한번 들어보자.

① 당신은 서울 상암동에 본사가 있는 중형 소프트웨어 회사 A사의 최고경영자CEO이다. A사는 최근 미국 실리콘밸리에 본사를 둔 소프트웨어 개발 전문 업체 B사와 협력을 통해 새로운 제품 설계용 소프트웨어를 개발 중이다. 양사가 합작으로 개발하고 있는 소프트웨어는 PLM(제품 설계) 소프트웨어로 개발 과정에서 정밀한 작업이 필요하다. 특히 해당 소프트웨어는 중견 업체인 A사의 향후 실적에 막대한 영향을 미치는 제품이 될 전망이다. R&D 지출이 많은 A사는 짧은 시간 안에 소프트웨어를 개발 완료해야 하는 상황이다. A사는 B사와 공동 연구를 위해 양사 간 서버를 연결했는데, 이때 한국의 KT와 미국의 AT&T 간 네트워크 백본backbone을 통해 서버를 직접 연결하는 방법을 택했다. 문제는 장거리 국가 간 서버를 통신사를 통해 직접 연결하다 보니 네트워크 비용이 적지 않게 발생한다는 점이었다. 네트워크 연결 문제로 가끔가다 서버 연결 지연이 발생할 때면 불편함이 이만저만이 아니었다.

② 당신은 영상 서비스를 국내 서버에 올려놓고 해외에 스트리밍하는 미디어 콘텐츠 사업가이다. 당신은 풍부한 국내 콘텐츠를 바탕으로 고품질의 미디어 콘텐츠를 미국과 유럽 국가에 제공할 계획을 가지고 있다. 국내 유명 콘텐츠 제작사와 독점적인 콘텐츠 계약을 완료한 당신은 해외 스트리밍 서비스를 위해 글로벌 통신사를 통해 서버를 연결했고, 해외 스트리밍 서비스를 오픈했다. 해외 스트리밍 서비스 개시 첫날 많은 이용자가 스트리밍에 접속했고, 결국 불안정한 서버 연결로 스트리밍이 자주 끊기는 상황이 발생했다.

위의 예시에서 사업가들이 느끼는 가장 큰 문제점은 국내외 서버 연결 상황에서 발생하는 통신 장애와 연결 지연이다. 사업가 입장에서 네트워크 속도나 서버 불안정과 같은 이유 때문에 비즈니스가 지연된다면 매우 억울할 수도 있다. 다만 사업가들이 국내에 있는 코로케이션 데이터센터를 통해 보다 안정적인 상호 연결 환경을 제공받는다면 이러한 문제는 손쉽게 해결될 수도 있다. 상호 연결은 높은 호환성을 바탕으로 하기 때문에 서버 통신이나 비용 측면에서 유리하기 때문이다. 또한 사업가들은 전용회선을 통해 보다 용이하게 클라우드 서비스를 이용할 수도 있다.

최근에는 클라우드 컴퓨팅의 발전과 함께 임차인의 서버를 클라우드 사업자의 전용회선을 통해 특정 클라우드와 연결하는 서비스도 등장했

에퀴닉스의 클라우드 익스체인지 서비스

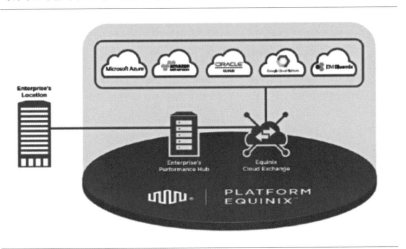

자료: Equinix 홈페이지

는데, 마이크로소프트의 '애저 익스프레스루트Azure ExpressRoute'가 대표적이다. 이 밖에도 에퀴닉스가 제공하는 '에퀴닉스 클라우드 익스체인지 패브릭ECX Fabric™'은 가상 연결virtual interconnection이라는 형태로 상호 연결 서비스를 제공하고 있다. 데이터센터 리츠들이 본격적으로 데이터 플랫폼 역할을 할 수 있게 된 것은 이와 같은 상호 연결 서비스의 역할이 크다고 할 수 있다.

데이터센터 리츠들은 앞으로 데이터 인프라의 역할을 넘어 일종의 데이터 플랫폼의 역할을 맡게 될 가능성이 크다. 기존에 미국 중심이었던 글로벌 데이터센터 시장은 현재 유럽과 아시아로 확장해나가고 있는데 최근 데이터센터 리츠들도 신규 시장에 대한 투자를 확대하고 있다. 이들이 더 많은 지역에 데이터센터를 보유할수록 제공할 수 있는 데이터 서비스의 종류와 폭은 넓어질 것이며, 데이터 플랫폼의 지위 또한 공고해질 것이다.

다가오는 4차 산업 시대에는 기업이 처리해야 하는 데이터의 양 또한 크게 늘어날 것이다. 특히 사물인터넷이나 자율주행 기술처럼 대량의 데이터 처리가 필요하게 되면 말 그대로 무궁무진한 '데이터 연결'이 발생할 것으로 보인다. 이는 앞으로 데이터센터 리츠들이 확장할 수 있는 비즈니스 모델도 매우 다양하다는 것을 의미한다. 결론적으로 데이터센터 리츠 투자는 4차 산업 시대에 가장 적합한 부동산 투자로 볼 수 있다.

03

물류 인프라:
포스트 코로나 시대, 온라인 소비의 트렌드화

물류 인프라는 포스트 코로나 시대에 반드시 주목해야 할 부동산 중 하나이다. 이커머스야말로 디지털 콘택트 시대의 대표적인 소비 트렌드이기 때문이다. 코로나19 팬데믹을 기점으로 미국과 유럽 주요 도시에서 온라인 소비가 빠르게 늘어나고 있는데 이와 같은 글로벌 온라인 소비의 증가가 일시적인 현상이 아닌 하나의 장기적인 트렌드로 변모하고 있기 때문이다.

2020년 초 코로나19의 확산으로 사람들이 오프라인에서의 대면 접촉을 기피하면서 백화점이나 대형 쇼핑몰, 아울렛과 같은 오프라인 유통 매출은 크게 감소했다. 국내의 경우 미국과 유럽에 비하면 양호한 모습을 보였지만, 2020년 상반기 미국과 유럽의 오프라인 리테일 시장은 말 그대로 풍비박산이었다.

미국 최대 백화점 체인 업체인 메이시스Macy's의 주가는 2020년 2월 중순 16달러에서 3월 말에는 5달러 이하로 무려 70% 가까이 폭락했고, S&P500지수에서 스몰캡 지수(중소형 지수)로 편출되는 결과를 맞이했다. 미국 대형 백화점인 JC페니JC Penney는 2020년 5월 15일 잔여 부채 만기일을 맞추지 못하고 파산 절차에 돌입했으며, 의류 업체인 제이크루J Crew와 백화점 체인인 니만마커스Neiman Marcus 또한 비슷한 시기에 파산을 신청했다.

메이시스를 최대 임차인으로 두고 있는 글로벌 최대 리테일 리츠 사이먼프로퍼티그룹의 업황 또한 매우 우울했는데, 임차인으로 있는 소매업자들이 코로나로 인해 이익이 크게 감소하자 사이먼프로퍼티와 같은 건물주에게 임대료를 지불할 수 없었기 때문이다. 실제로 사이먼프로퍼티의 주가는 2월 중순 145달러에서 4월 초 45달러로 역시 70% 가까이 폭락했다. 사이먼프로퍼티가 10년 전만 하더라도 글로벌 시가총액 1위의 초대형 리츠였다는 점을 돌이켜보면 매우 씁쓸한 상황이다.

글로벌 오프라인 리테일 시장이 코로나19로 참혹한 수요 감소를 맞이한 반면, 이커머스 시장은 전례 없는 호황기를 맞이했다. 코로나19의 확산으로 사람들의 외출이 제한되다 보니 소비자들은 가공식품이나 위생 제품과 같은 생필품부터 온라인 주문을 통해 해결하기 시작했는데, 자택에서 지내는 기간이 길어질수록 내구소비재(가전제품 등)에서도 온라인 주문이 크게 증가하기 시작했다. 국내 이커머스 시장점유율 1위(25%)인

쿠팡의 일일 평균 배송 건수는 코로나19 발생 이전 150만~200만 건에서 2020년 1월 이후 300만 건 이상을 유지하며 2배 가까이 증가하는 모습을 보였으며, 이마트의 쓱닷컴ssg도 2020년 1~2월 누적 매출이 전년 대비 30% 이상 증가하는 모습을 보였다.

산업통상자원부에서 발표하는 국내 유통 업체 매출 동향을 살펴보면 2020년 2월 국내 온라인 쇼핑 매출 비중은 49%를 차지하며 오프라인 매출에 거의 맞먹었다. 전년 대비 증가세만 봐도 이커머스의 성장을 직관적으로 볼 수 있었는데, 2월 오프라인 매출은 전년 대비 7.5% 감소한 반면 온라인은 전년 대비 34% 크게 증가했기 때문이다.

글로벌 최대 온라인 소매 업체 아마존과 월마트는 폭증하는 온라인 배송 수요를 감당하기 위해 전 세계 각각 10만 명, 15만 명의 물류 직원을 추가 채용했다. 2020년 4월 중순 프랑스에서는 기존의 배송 체계가 폭증하는 온라인 수요를 감당하지 못했기에 정부 차원에서 빠른 생필품 배송을 위해 아마존과 같은 온라인 소매 업체들에게 당분간 생필품만 배송하도록 명령하는 등의 조치를 내리기도 했다.

이처럼 가파르게 증가하는 글로벌 이커머스 수요는 자연스럽게 글로벌 물류 재고의 증가를 일으킬 것으로 보인다. 미국 부동산 전문 업체 CBRE는 코로나19 이후 미국 전체 물류 재고가 5%가량 증가할 것으로 전망했다. 세계 최대 물류 리츠 프롤로지스도 코로나19로 인한 이커머스 수요 증가로 향후 5년간 미국에서만 물류 재고가 5~10% 이상 증가할 것이라는 의견을 내놓았다.

코로나19 사태에서 이커머스와 관련해 나타난 주요한 변화 중 하나는 최종 유통망 역할을 하는 중소형 물류 인프라(흔히 라스트 마일이라 불린다)에 대한 수요가 크게 증가했다는 점이다. 일반적으로 이커머스 전문 업체들은 오프라인 소매점과 같은 유통 채널이 없기 때문에 라스트 마일과 같은 유통시설을 이용해야만 소비자에게 빠른 시간 내 제품을 배송할 수 있다. 라스트 마일과 같은 최종 유통 인프라의 수요 증가는 결국 이를 전문으로 임대하는 물류 리츠들에게 호재로 작용한다.

이 밖에도 코로나19 사태는 우리에게 몇 가지 시사점을 주었다. 첫 번째는 미국과 유럽을 포함한 선진국에서 폭증하는 온라인 수요를 기존의 배송 체계로는 감당하지 못했다는 것이다. 두 번째는 이를 극복하기 위해 기업 차원에서 신규 고용, 설비 증설 등의 노력이 나타났다는 점이다. 글로벌 임대형 물류센터의 핵심 임차인은 아마존, 월마트와 같은 대형 소매 업체와 페덱스, UPS와 같은 물류 서비스 업체이다. 이들은 유통 과정에서 필요한 물류 인프라를 직접 운영하기도 하지만 일반적으로 비용 절감을 위해 전문 임대 사업자가 운영하는 물류시설을 이용하곤 한다. 특히 오프라인 소매점이 없는 아마존과 같은 업체는 더욱 그렇다. 코로나19로 기존의 물류 체계가 한계를 시험받는 상황에서 아마존이나 페덱스와 같은 업체들은 향후 물류 인프라 투자에 대한 가이드라인을 잡았을 것이다. 이러한 투자는 향후 다양한 물류 인프라를 임대하는 형태로 갈 가능성이 크다. 전문적인 관리와 비용 절감을 모두 누릴 수 있기 때문이다.

주목할 만한 물류 리츠를 소개하자면 글로벌 대표 물류 리츠인 프롤로지스가 있다. 프롤로지스는 글로벌 19개 국가에서 4000개 이상의 물류 인프라를 보유하고 있는 초대형 물류 리츠이다. 고객사 수만 해도 2800개가 넘기 때문에 글로벌 물류 시장을 대변하는 임대 사업자로 볼 수 있다. 프롤로지스는 대표적인 이커머스 수혜 리츠인데, 최근 코로나 19로 자체 라스트 마일 브랜드인 '라스트 터치Last Touch'가 높은 수혜를 입고 있는 것으로 확인된다.

이외에도 아시아에 상장된 물류 리츠로 싱가포르의 메이플트리로지스틱스Mapletree Logistics와 일본의 닛폰프롤로지스Nippon Prologis가 있다. 닛폰프롤로지스는 미국 프롤로지스가 일본 오사카와 도쿄에 투자한 물류 자산 포트폴리오를 일본 거래소에 상장시킨 업체이다.

일반적인 물류센터 리츠 외에도 저온 물류시설을 전문으로 임대하는 리츠도 있다. 아메리콜드는 2018년 1월 미국 뉴욕거래소에 상장한 글

프롤로지스 물류센터

미국 리츠로 4차 산업 건물주가 되라

로벌 유일 저온 물류 인프라 리츠인데 미국 저온 물류 창고temperature-controlled warehouse 시장점유율은 23%에 달한다. 글로벌 저온 물류 시장은 우선적으로 미국, 캐나다, 호주와 같이 토지 면적이 넓고 낙농업이 발달한 국가가 중심이 될 전망이다. 장기적으로는 평균기온이 높아 신선도 관리가 어려운 동남아시아나 북아프리카 등 신흥시장을 중심으로도 투자가 증가할 수 있기에 장기적으로 투자할 만한 성장형 리츠이다.

비즈니스 클러스터:
비즈니스 시너지를 찾아서

비즈니스 클러스터는 특정 산업의 이해관계자들이 지리적으로 가까운 위치에 모일 때 형성되는 일종의 지리적 카르텔이다. 미국의 유명한 비즈니스 클러스터로는 캘리포니아의 실리콘밸리, 뉴욕의 월스트리트, 보스턴-샌프란시스코의 바이오 클러스터를 예로 들 수 있다. 한국에서는 여의도가 일종의 금융 클러스터를 형성하고 있고 판교 또한 IT 클러스터라고 볼 수 있다.

미국의 실리콘밸리를 예로 들면 1950년대 초반 몇 개의 컴퓨터 및 집적회로 제조 업체들이 캘리포니아에 몰려들면서 시작되었는데 당시 휴렛팩커드HP나 스티브 잡스의 애플과 같은 대형 컴퓨터 업체들이 주축을 이루었고, 이들과 공급사슬을 공유하려는 다양한 중소 업체들이 몰려들면서 거대한 비즈니스 권역을 구성하게 되었다(이들은 처음에는 캘리포니아 차고지에서 컴퓨터를 조립하던 업체에 불과했다). 이렇게 형성된 비즈니스 클러스터는 공급사supplier와 고객사customer 간 비즈니스 관계 형성에 크게 기여했고, 시장 경쟁을 유도하며 제품 연구개발 등에서도 높은 시너지를 보였다.

역사적으로 미국 글로벌 하드·소프트웨어 산업의 발전을 실리콘밸리에 본사를 둔 IT 업체들이 주도했다는 것은 누구나 아는 사실인데 이처럼 클러스터의 역할이 매우 컸다고 볼 수 있다.

미국의 보스턴-샌프란시스코 바이오 클러스터 또한 마찬가지다. 1980년대 형성되기 시작한 샌프란시스코 바이오테크베이에는 로슈Roche, 애브비Abbvie, 길리어드사이언스Gilead Science와 같은 거대 제약사들과 바이오테크 업체, 관련 정부 기관 등 약 160개의 기업 및 기관들이

캘리포니아 실리콘밸리 클러스터

자료: Siliconvalleymaps, 하나금융투자

샌프란시스코 바이오테크베이 클러스터

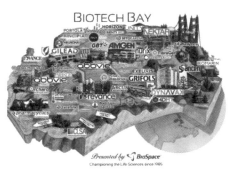

자료: Biospace, 하나금융투자

거대한 바이오 클러스터를 형성하고 있다.

미국 최대 바이오 클러스터는 보스턴 대도심권Greater Boston 바이오 클러스터로 1970년대에 형성되었다. 이곳에는 작은 바이오 스타트업부터 시가총액 100조 원을 상회하는 초대형 제약사까지 약 1000여 개의 제약·바이오 기업들이 존재한다. 특히 브로드 연구소Broad Institute나 화이트헤드 연구소Whitehead Institute와 같은 보스턴 소재 연구기관을 기반으로 연구원들 간 거대한 네트워크가 형성되어 있는데, 결론적으로 클러스터 내에서 발생하는 시너지 때문에 기업체들이 클러스터를 벗어나기란 쉽지 않아 보인다.

우리가 투자 목적으로 접근해야 할 부분은 이처럼 비즈니스 클러스터 부동산에 집중적으로 투자하는 리츠이다. 앞서 언급한 바와 같이 비즈니스 클러스터 내에서는 각종 비즈니스 시너지 효과 때문에 임차인이 이탈하는 경우가 많지 않다. 따라서 클러스터 오피스들은 일반 오피스 대비 대체로 낮은 공실률과 안정적인 임대료 상승률을 보인다.

미국의 대형 오피스 리츠인 알렉산드리아리얼에스테이트가 보유하고 있는 오피스 부동산 대부분은 보스턴이나 캘리포니아의 바이오 클러스터 오피스 건물인데 최근 10년 평균 공실률이 4% 이하일 정도로 안정적인 사업 환경이 지속되고 있다. 또한 2019년 연말 기준 알렉산드리아의 보스턴 대도심권과 샌프란시스코 지역의 공실률은 각각 1% 수준으로 매우 낮다. 알렉산드리아는 바이오 스타트업 대상으로 벤처캐피털vc 업무를 병행하는데, 이는 신규 임차인들의 오피스 유입 요인을 증폭시키는 요소이다.

아시아에서는 글로벌 과학단지에 투자하는 싱가포르의 아센다스리츠 Ascendas REIT가 대표적인 비즈니스 클러스터 리츠이다. 아센다스는 싱가포르 정부에서 지정한 하이테크 단지 내 오피스 및 관련 시설 임대를 영위하고 있는데 마찬가지로 낮은 공실률과 안정적인 임대료 상승률을 경험하고 있다. 클러스터 리츠가 유망한 이유는 다른 4차 산업 리츠들처럼 장기적으로 수요 전망이 긍정적이기 때문이다. 또한 일반 오피스가 아닌 바이오나 하이테크와 관련된 오피스는 장기적으로 성장하는 산업과 연관성이 크다. 따라서 비즈니스 클러스터 리츠에 투자하는 것 또한 성장하는 부동산에 투자하는 방법 중 하나가 될 것이다.

4장

·

4차 산업 리츠
완벽하게 이해하기

리츠는 어떻게 성장하는가

앞에서 글로벌 4차 산업 리츠에 투자해야 하는 이유와 4차 산업 리츠의 종류, 투자 전략과 방법 등을 설명했다. 이번 장에서는 리츠 투자에서 우리가 기본적으로 짚고 넘어가야 할 부분들을 살펴볼 것이다. 그리고 리츠가 어떻게 성장하는지 알아보고 이들의 성장 요인을 간략히 분해해 볼 것이다. 개념적인 내용을 중심으로 설명할 것이므로 이해하는 데 큰 어려움은 없을 것이다. 무엇보다 리츠 성장의 원천을 확인하는 것은 앞으로 리츠 투자에 좋은 가이드라인이 될 수 있을 것이다.

리츠와 임차인의 계약 조건

리츠의 성장을 다루기에 앞서 리츠가 가지고 있는 임대차계약의 특징을 먼저 살펴보자. 리츠는 임차인과 임대차계약을 체결한 뒤 보유하고 있는 부동산을 임대해주고 계약 기간 동안 월간 임대료를 수령한다. 임대차계약 조건에서는 리츠와 임차인 간의 협의를 통해 임대료 상승률이나 임대계약 기간 등이 결정되기 때문에 투자에서 매우 중요한 요소라고 볼 수 있다.

글로벌 리츠들은 특정 임차인과의 임대차계약 내용을 일일이 공시하기보다는 보유하고 있는 포트폴리오 전체에 대한 임대 정보를 투자자들에게 제공하고 있다. 대외비에 해당하는 내용들도 많고, 임차인 신용 등에 따라 다른 조건들도 얼마든지 제시할 수 있기 때문인 영향도 있다. 글로벌 리츠들이 공개하는 자료 가운데 예를 들자면 보유 부동산 전체의 평균 잔여 계약 기간 등이다. 이러한 정보는 미국은 각 리츠의 사업보고서(10-K, 10-Q)나 한국의 공시 자료들, 또 각 사 홈페이지 투자IR(투자 정보) 탭에서 제공하는 보충 자료supplemental를 통해 확인할 수 있다. 분기마다 공시되는 보충 자료를 활용하면 부동산 목록(위치, 임대 면적 등), 임차인 구성, 공실률 등의 유용한 정보도 얻을 수 있다. 이런 정보가 중요한 이유는 투자자로서 얻을 수 있는 가장 자세한 실물자산 정보이기 때문이다.

당연한 이야기이지만 임대계약 조건은 부동산을 '누가' '어떤 목적'으로 사용하는가에 따라 달라지기 마련이다. 예를 들어 일반적인 주택 계약처럼 임차인이 '개인'이라면 계약 기간은 1년 정도로 짧을 수밖에 없다. 반면 통신타워를 임대하는 통신사처럼 임차인이 '기업'이라면 계약 기간은 조건에 따라 최대 10년 이상으로 늘어날 수도 있다. 이는 리츠에도 똑같이 적용되는데, 주거용 리츠의 계약 기간은 보통 1년 단위이며 통신 인프라 리츠는 5~10년 단위다. 일반적으로 통신 인프라 리츠의 임대계약 기간이 가장 길고, 이어서 데이터센터, 물류센터, 오피스, 주거용 순으로 볼 수 있다.

계약 기간이 짧다는 것은 임차인이 그만큼 단기간 내에 이탈할 확률이 높다는 것을 의미한다. 예를 들어 주거용 리츠의 임차인들은 이직이나 은퇴와 같은 여러 가지 이유 때문에 단기간 내에 주거지를 옮길 수 있다. 또한 계약 기간도 비교적 짧기 때문에 계약에 대한 해지도 용이하다. 반면 통신 인프라의 임차인인 통신사들은 안정적인 네트워크망 구축을 위해 장기간 통신타워를 임대해야 하므로 단기 내 임대계약을 해지하기는 어렵다. 이와 같은 이유로 주거용 리츠의 임차인 이탈률이 B2B 사업을 하는 통신 인프라나 데이터센터 리츠의 이탈률보다 통상적으로 높게 나타난다.

계약 시 설정하는 임대료 상승률 또한 위와 비슷한 이유 때문에 산업별로 차이가 발생한다. 예를 들어 미국 통신 인프라 리츠의 경우 통신사들과 연간 임대료 상승폭을 약 3%로 고정하고 있다. 이는 리츠와 통신사 간 계약 기간이 장기간이기에 상호 협의 하에 상승률을 고정해놓은 것이다. 반면 주거용이나 오피스, 물류 인프라의 임대료 상승률은 각 부동산 시장의 업황과 절대적인 임대료 수준에 따라 매년 다를 수 있다.

계약 기간의 차이뿐 아니라 임차인의 신용을 포함한 다양한 변수들이 임대차계약 조건을 결정한다.

리츠의 임차인 구성

이번에는 리츠의 임차인이 어떻게 구성되어 있는지 살펴보자. 리츠의 임차인 구성에 따라 우리는 해당 리츠가 앞으로 성장할 수 있는지 혹은 위기에 빠질 수 있는지를 판단해볼 수 있을 것이다.

　주거용 리츠의 경우 임차인은 우리와 같은 주거 서비스 수요자들이다. 따라서 특정 집단으로 임차인을 분류하기 어렵다. 반면 오피스 리츠의 경우 리츠마다 임차인 구성이 상이하다. 미국 시가총액 1위 오피스 리츠 보스턴프로퍼티스Boston Properties의 임차인 구성은 금융 서비스 업체가 25%, 미디어테크 업체가 24%, 로펌이 21%를 차지하고 있다. 이 경우 2008년 리먼 사태처럼 글로벌 투자은행 업황이 부진해 보스턴 지역 오피스 수요가 감소하면 공실률이 상승하는 상황이 발생할 수 있다. 반면 시가총액 2위 오피스 리츠인 알렉산드리아는 임차인의 80%가 글로벌·바이오테크 제약사로 구성되어 있다. 이들은 모종의 이유로 글로벌 투자은행 업황이 부진하더라도 미국 신약 개발 시장이 꾸준히 성장하는 상황이라면 상대적으로 낮은 공실률을 유지할 수 있을 것이다. 실제 2020년 코로나19 사태 때 금융·미디어 업체 중심인 보스턴프로퍼티스의 주가와 바이오테크·제약 중심인 알렉산드리아의 성과는 달랐다.

　또 다른 예로 데이터센터 리츠 에퀴닉스를 살펴보자. 에퀴닉스는 임

코로나19 전후 보스턴프로퍼티스와 알렉산드리아 주가 추이

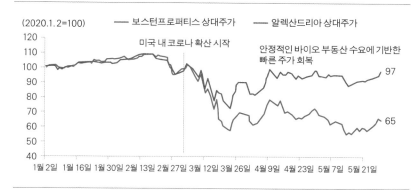

자료: Bloomberg, 하나금융투자

차인의 50% 이상이 클라우드 공급사와 통신사로 구성되어 있다. 에퀴닉스 임차인에서 클라우드 공급사가 차지하는 비중은 최근 몇 년간 크게 증가했는데, 이는 2010년 이후 글로벌 데이터센터 시장의 성장이 아마존이나 마이크로소프트와 같은 대형 클라우드 공급사 투자 확대에 기반했기 때문이다. 높아진 클라우드 공급사 비중은 에퀴닉스가 파트너십을 통해 자사 데이터센터 내에서 일반 임차인들에게 다양한 클라우드 서비스를 제공할 수 있도록 하고 있는데, 이는 향후 에퀴닉스 실적 성장에 크게 기여할 수 있을 것으로 보인다.

자산 규모가 크지 않은 중소형 리츠의 경우에는 임차인 구성이 더욱 중요해진다. 이들은 단일 임차인 비중이 상대적으로 높기 때문이다. 예를 들어 미국 중소형 데이터센터 리츠인 사이러스원은 마이크로소프트로부터 발생하는 임대수입 비중이 전사 연간 임대수입의 20%에 달한다. 이 경우 마이크로소프트의 클라우드 사업부 실적이나 데이터센터 투자 계획이 사이러스원의 실적과 높은 상관관계를 가진다. 따라서 중소형 리츠에 투자하는 경우에는 주요 임차인들의 업황을 면밀히 살펴볼 필요가 있다.

리츠의 성장

지금부터는 리츠가 어떻게 성장하는지에 대해 알아볼 것이다. 리츠의 성장을 다른 말로 표현하면 자산가치의 상승이라고 할 수 있다. 리츠의 자산가치는 보유하고 있는 부동산의 가치다. 다만 해외 상장 리츠는 적게는 보통 수 개에서, 많게는 수백 개를 넘어 수천 개의 부동산을 가지고 있다. 따라서 특정 부동산 하나의 가치보다는 보유 부동산 전체의 가치, 즉 부동산 포트폴리오의 가치가 어떻게 움직이고 있는지가 더 중요하다고 할 수 있다.

리츠 부동산 포트폴리오의 가치는 상업용 부동산의 가치가 어떻게 매겨지는가를 이해한다면 쉽게 알 수 있다. 일반적으로 상업용 부동산의 가치를 움직이는 것은 순영업이익NOI: Net Operation Income과 자본환원율Cap Rate이다. 그리고 NOI나 자본환원율은 결국 임대료와 임대료의 상승률, 그리고 공실률에 의해 결정된다. 이론상 현재의 상업용 부동산의 가치는 미래에 건물주가 받을 수 있는 임대료의 총액에 기반한 순영업이익을 현재 가치로 할인한 것이기 때문이다.

마찬가지로 리츠의 가치를 움직이는 것은 리츠가 소유하고 있는 부동산 포트폴리오의 임대료나 공실률과 같은 요소이다. 다만 리츠의 가치

리츠의 성장 도식화

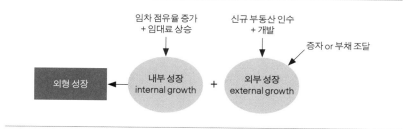

는 수십, 수백 개의 상업용 부동산을 묶은 부동산 포트폴리오의 가치이므로 포트폴리오에 새로운 부동산이 편입되거나 편출되는 것 또한 전체 가치에 영향을 준다. 우량 자산을 전략적으로 편입할 경우 리츠 포트폴리오의 가치는 상승하겠지만 반대로 잘못된 인수·개발은 리츠의 가치를 떨어뜨릴 수도 있다.

① 리츠의 내부 성장

리츠의 내부 성장internal growth / organic growth은 말 그대로 신규 자산에 대한 인수나 개발 없이 기존 보유 중인 부동산에서 나타나는 성장을 의미한다. 이는 소매 업체들의 기존점 성장same-store growth과도 유사한 개념으로 볼 수 있다. 기존의 부동산들이 과거보다 높은 임대수입을 얻기 위해서는 평균 임대료가 상승하거나 공실률이 감소해 더 많은 임대료를 받을 수 있어야 한다.

우리는 경제학에서 배우는 기업의 매출함수 Sales = f[Q(물량), P(가격)]의 원리를 활용해 리츠의 내부 성장 함수를 정리해볼 수 있다. 다만 이는 개념적인 이해를 돕기 위한 모형이기 때문에 이해하지 않더라도 큰 문제는 없다.

$$내부 성장 = F[단위면적당 임대료 증가, 공실률 하락]$$

기존 부동산 단위 임대료(P)와 기존 부동산 공실률(Q)은 부동산 업황, 즉 부동산 수요와 공급에 강력한 영향을 받는다. 여기서는 미국 물류 부동산 시장을 예로 들어 설명해볼 것이다. 미국 부동산 정보 업체 라이스REIS: Real Estate Solutions by Moody's Analytics는 2010년부터 미국 물류 유통 부동산distribution center에 대해 분기별로 공실률과 평균 임대료를 발표하고 있는데, 해당 데이터의 추이를 통해 우리는 부동산 시장의 수요와 공급이 내부 성장에 미치는 영향을 확인할 수 있을 것이다.

2011년 초 미국 물류 부동산 업황은 좋지 못했다. REIS 발표 기준 2011년 1분기 미국 물류 부동산 평균 공실률은 14~15%에 달했으며, 평균 임대료는 연 5% 하락을 기록하고 있었다. 2008년 리먼 사태가 발발한 데 이어 2010년에도 유럽에서 재정위기가 발생하면서 글로벌 공급사슬에 충격이 이어졌고, 물류 부동산 수요도 계속 감소하는 상황이었다. 수요가 높지 않으니 공실률은 계속 상승했고, 이를 막기 위해 부동산 임대업자들은 임대료를 삭감했다.

이후 아마존 같은 이커머스 업체의 등장으로 온라인 소매 수요가 늘어나고 글로벌 경기가 점차 회복되며 미국 물류 부동산 수요 또한 점차 회복되었다. 이후 2017년 말까지 약 7년간 공실률은 점차 낮아져 10%

미만으로 하락했으며 임대료 상승률 또한 연 4%의 증가세를 보였다. 해당 기간 동안 미국 물류 리츠들의 순영업이익은 연평균 5% 이상 증가했는데, 이는 물류 리츠의 내부 성장률internal growth rate이 평균적으로 연 5%에 달했다는 것을 의미한다.

REIS에서 발표하는 미국 물류 부동산의 건설흡수비율을 살펴보자. 건설흡수비율은 특정 기간 동안 신규 건설(공급)된 부동산 면적과 신규 임차(수요)된 부동산 면적을 나누어 계산한다. 건설흡수비율이 1배 이상이라는 것은 새로 공급한 면적이 다 임차되지 않고 부동산 공실이 발생하는 것을 의미한다. 미국 물류 부동산 건설흡수비율은 2017년 4분기를 기점으로 1배를 넘어섰는데, 이때부터 미국 물류 부동산 시장이 7년간의 초과 수요에서 초과 공급으로 전환되었다는 것을 알 수 있다. 2018년 초 이후 미국 물류 부동산 공실률이 다시금 10%로 상승했고, 물류 리츠의 내부 성장률도 연 3% 증가로 하락했다.

결론적으로 리츠의 내부 성장은 해당 부동산 시장의 수요와 공급이 결정한다고 해도 과언이 아니다. 부동산의 수요를 견인하는 요인은 다양하겠지만, 산업용 부동산의 경우 해당 산업이 성장하는 구간에 진입하

미국 물류 부동산 수요 공급과 물류 리츠 내부 성장률

부동산 수요 공급	기간	공실률	연간 임대료 상승률	물류 리츠 연간 내부 성장률
수요 감소로 인한 초과 공급	2010~2011년	14%	-5%	0%
수요 증가로 인한 초과 수요	2011~2017년	14%→9%	-5%→4%	0%→5%
공급 증가로 인한 초과 공급	2018년~현재	9%→10%	4%→2%	5%→3%

자료: Bloomberg, NAREIT, 하나금융투자

면 높은 수요를 보이곤 한다. 예를 들어 최근 데이터센터는 클라우드나 미디어 콘텐츠 시장이 크게 성장함에 따라 수요가 증가하고 있다. 통신 인프라는 향후 통신사들이 본격적으로 5G 투자를 확대할 때 수요가 증가할 것으로 기대되고 있다.

② 리츠의 외부 성장

리츠의 내부 성장은 기존 부동산들로 구성된 포트폴리오 내부에서 나타나는 성장이었다. 이와 달리 외부 성장external growth은 리츠가 기존 부동산 포트폴리오에 새로운 부동산을 편입하면서 나타나는 성장이다. 외부 성장은 리츠가 새로운 자산을 인수하거나 개발함으로써 나타나기 때문에 일반적으로 오피스나 리테일과 같은 상업용 부동산보다는 특정 산업의 인프라와 관련된 부동산에서 크게 나타나곤 한다. 우리가 데이터센터나 통신 인프라, 물류 인프라 관련 리츠에 투자하는 이유도 이러한 외부 성장에 근거한다고 볼 수 있다.

간단한 예를 들어 국내 오피스 건물에만 투자하는 리츠가 존재한다고 가정해보자. 일명 '코리아오피스리츠'가 외부 성장을 할 수 있는 방법으로는 국내 중심업무지구CBD에 새로운 오피스를 인수하거나 개발하는 방법뿐이다. 현재 주요 CBD 오피스들의 평균 공실률이 과거 대비 높은 수준이라면 신규로 오피스를 개발하는 방법은 다소 제한될 것이다. 제한된 수요 속에서 공급의 증가는 평균 공실률의 상승을 불러일으킬 가능성이 높기 때문이다. 개발이 어렵다면 기존 오피스를 인수하는 방법도 있다. 다만 신규 인수하는 자산이 전체 오피스 포트폴리오의 가치를 상승시키기 위해서는 해당 오피스가 충분히 저평가되어 있는 자산이어야 한다. 만약 터무니없이 비싼 가격으로 인수하거나 낮은 가격에 인수했지만 공실이 많이 발생한다면 포트폴리오 가치 상승에는 별반 도움이 되지 않을 것이다.

따라서 코리아오피스리츠의 외부 성장성은 다소 제한적일 수 있다. 포트폴리오 내 오피스 건물 개수를 늘리거나 기존 건물을 허물고 고층 건물을 올리는 등의 재건축 투자는 주요 CBD 오피스 시장의 수요 공급이 허용하는 범위 내에서만 적절하게 이루어질 수 있을 것이다. 국내 오피스 공급이 연평균 2% 증가한다면 리츠 또한 시장 성장 속도에 맞추어 인수·개발을 결정해야 할 것이다.

이번에는 국내 데이터센터에만 투자하는 리츠가 존재한다고 가정해보자. 일명 '코리아DC리츠'가 외부 성장을 하기 위해서는 마찬가지로 국내에서 새로운 데이터센터를 개발하거나 인수해야 한다. 데이터센터가 일반 오피스와 다른 점은 IT나 미디어 산업의 성장과 함께 수요가 늘어날 가능성이 높다는 것이다. 예를 들어 국내 점유율이 낮은 알리바바나 텐센트 클라우드가 국내 투자를 확대하기 위해 코로케이션 데이터센터를 필요로 할 수도 있으며, 디즈니+와 같은 글로벌 미디어 콘텐츠 업체가 국내 스트리밍 서비스를 위해 임대형 데이터센터를 필요로 할 수도 있다. 코리아DC리츠는 이러한 산업 수요에 기반해 신규 데이터센터를 인수하거나 개발하는 전략을 보다 용이하게 수립할 수 있을 것이다.

결론적으로 리츠의 외부 성장은 수요가 크게 증가하는 부동산 시장에서 더 많이 나타난다. 앞서도 말했듯이 외부 성장은 리츠가 새로운 자산을 인수하거나 개발함으로써 나타나기 때문에 일반적으로 오피스나 리테일 부동산과 같은 상업용 부동산보다는 특정 산업의 인프라와 관련된 부동산에서 크게 나타나곤 한다. 성장형 리츠로 각광받는 데이터센터나 통신 인프라 리츠가 4차 산업 인프라에 투자하는 리츠인 것도 이와 같은 사실을 증명하고 있다.

다양한
리츠의 가치평가법

리츠에 대한 가치평가는 우리가 특정 시점에 리츠의 주가가 고평가 혹은 저평가되어 있는지를 파악하는 데 도움이 될 수 있다. 일반적인 재무 이론에서 주식의 가치를 평가할 때 상대가치평가(멀티플)와 절대가치평가(현금흐름할인모형)를 사용하듯이 리츠 또한 상대가치평가와 절대가치평가를 모두 사용할 수 있는데, 이 절에서는 이에 대한 심도 있는 접근보다는 가볍게 읽을 수 있는 정도의 개념만을 다룰 예정이다.

다만 그 전에 알고 넘어가야 할 부분이 있는데 일반 주식과 달리 리츠의 경우 국가별로 적용할 수 있는 가치평가 방법이 다르다는 점이다. 주식의 경우 미국과 한국의 주식 모두 PERPrice to Earnings Ratio이나

PBRPrice to Book Ratio과 같은 멀티플로 비교할 수 있지만, 리츠의 경우에는 미국과 싱가포르의 회계 방식이 다르기 때문에 직접적인 비교가 잘 맞지 않는다. 그래서 글로벌 리츠에 투자할 때 하나의 기준으로 모든 것을 판단하려는 시도보다는 각 국가나 섹터 등의 환경에 맞는 개별적인 가치평가 방법론을 발전시키는 게 좋을 것이다.

뒤에 더 자세히 살펴보겠지만 미국 리츠에서 통상적으로 사용하는 멀티플인 P/AFFOPrice to AFFO ratio의 경우에는 싱가포르 리츠에 적용하기 어렵다. 미국의 경우 회계상의 당기순이익에서 부동산 관련 유무형 상각비를 더해주고, 여기에 부동산 매각 손실(이익)을 가감해 현금흐름을 보여주도록 전미리츠협회에서 가이드라인을 제시해준다. 반면 싱가포르의 경우 애초의 연마다 자산재평가를 하기 때문에 부동산 상각비라는 계정이 존재하지 않아 FFO나 AFFO의 계산이 매우 어렵다. 따라서 싱가포르는 배당 재원에 대한 계정으로 FFO나 AFFO 대신 배당가능이익DI: Distributable Income을 사용한다.

배당 재원을 이용한 가치평가: 미국

리츠는 일반적인 기업들이 사용하는 순이익의 개념이나 혹은 주당순이익인 EPSEarning Per Share라는 용어 대신 FFOFunds From Operation라는 용어를 사용한다. 그 때문에 처음 리츠를 접하는 사람들은 필자를 포함해 용어적인 부분에서도 친숙하게 접근하기 어려웠다. FFO나 수정 FFO인 AFFOAdjusted Funds From Operation 등을 듣다 보면 정신이 아득해지곤 했던 것이 사실이다. FFO와 AFFO는 리츠나 펀드에서만 활용하는 일종의 특수한 계정이라고 봐도 무방하다.

FFO는 일반적으로 회계상의 당기순이익(미국의 경우 US GAAP 기준)에서 회계 기간 동안 발생한 부동산 관련 유무형 상각비를 더해주고, 여기에 회계 기간 동안 발생한 부동산 매각 손실(이익)을 가감해 계산한다. 당기손익에 부동산 상각비를 더하고, 추가로 당해 연도 부동산의 처분손익을 더하는 것이다. 이것을 펀드의 운영현금흐름인 FFO라고 한다. 리츠의 특정 기간 내 발생한 현금흐름을 보여주는 지표이다. FFO를 도출하는 이유는 FFO가 곧 배당 재원이기 때문이다.

리츠의 가치를 배당 재원을 통해 평가해본다는 점은 의미가 있다. 미국 리츠에서 FFO를 통한 기업가치평가가 일반적으로 활용되는 이유는 2002년부터 전미리츠협회NAREIT에서 제시하는 FFO 가이드라인이 존재하기 때문이다.

2018년 12월 NAREIT에서 발간한 백서FFO White Paper를 참고해보면 NAREIT에서 정의하고 있는 FFO 조정은 크게 네 가지 항목으로, 앞서 언급한 바와 같이 ① 부동산 관련 유무형 상각비 ② 부동산 매각 손실(이익) ③ 보유 부동산 지분 조정에서 발생하는 손실(이익) ④ 부동산 손상차손 등이다.

다만 현실적으로 각 리츠에서 발생하는 부동산 처분손익 등 일회성 이익·비용은 차이가 크다. 특정 연도에 높은 가격의 부동산을 처분하고, 다음 연도는 하나도 처분하지 않았다면 상당한 차이가 나올 것이다. 그 때문에 실제 Non-GAAP 기준으로 FFO와 AFFO를 계산할 때 많게는 10개 이상의 일회성 및 비현금 항목에 대한 가감이 이루어지는데, 개별 리츠마다 각 항목이 차지하는 비중과 항목의 구성은 상이한 모습을 보이고 있다. 이러한 이유 때문에 대부분의 리츠들은 NAREIT 정의 FFO를 공시함과 동시에 추가로 일회성 비현금 이익·비용을 가감해 자체적으로 FFO를 계산한다.

상장 리츠에서 공시하는 'Non-GAAP 조정'에 대한 정보가 투명할수록 시장에서는 각 리츠의 배당 재원 가치를 평가할 때 기존에 NAREIT 정의 FFO가 아닌 각 리츠가 자체적으로 계산한 FFO와 AFFO를 이용한다. 대부분의 미국 시가총액 상위 리츠들은 자체적인 Non-GAAP 조정에 대한 공시가 투명하기 때문에 시장에서도 이를 주류로 보고 활용하는 편이다.

다만 AFFO의 경우 NAREIT에서 특별히 제시하는 가이드라인이 없다. 일반적으로는 FFO에서 주식 보상비와 같은 비현금 비용을 더하고 매 회기 반복적으로 발생하는 자본 지출(유지보수 CAPEX)을 빼서 계산한다. 위에서 설명한 것과 같은 이유로 같은 AFFO라 할지라도 각 리츠마다 계산하는 방법은 상이하다.

결국 핵심은 사측의 Non-GAAP 조정 공시가 투명하고 논리적으로 받아들여질 수 있어야 한다는 점이다. FFO와 마찬가지로 미국 대형 리츠들은 AFFO에 대한 조정 공시를 투명하게 하고 있으며, 시장에서도 밸류에이션 척도로 적극적으로 활용하고 있다. 원칙적으로 AFFO는 FFO보다 큰 값이 나오는 것이 일반적이나 개별 리츠마다 조정 방법이 상이하기 때문에 종종 AFFO < FFO를 보이는 경우도 있다. 이런 점들 때문

에 리츠를 밸류에이션할 때는 AFFO를 기본으로 하더라도 상보적 관점에서 FFO를 동시에 이용하는 것도 추천한다.

미국 데이터센터 리츠 중에서 시가총액 1, 2위를 차지하고 있는 에퀴닉스와 디지털리얼티트러스트의 경우 2021년 예상 P/FFO는 각각 31.7배, 20.6배를 기록하고 있다. 이 경우 단순 멀티플에서만 보면 에퀴닉스 기업가치가 동종 업체인 디지털리얼티 대비 무려 50%의 프리미엄을 받고 있는 것처럼 보인다. 반면 2021년 예상 P/AFFO는 각각 24.1배와 22.6배로 에퀴닉스의 상대 밸류에이션 프리미엄은 7%로 좁혀진다. FFO 밸류로는 에퀴닉스가 현저한 고평가 같지만 AFFO를 했더니 비슷했다는 의미다. 이러한 밸류에이션의 차이는 어디서 발생하는 걸까?

에퀴닉스와 디지털리얼티의 FFO→AFFO 조정 과정을 모두 보여주는 것은 이 책에서 다룰 만한 내용이 아니다. 조정 과정에서 나타나는 회계 항목이 수십 개에 달하기 때문이다. 다만 결론만 말하자면 에퀴닉스는 디지털리얼티와 달리 FFO→AFFO 조정 과정에서 비교적 높은 비중의 비현금 비용이 계상되기 때문에 이러한 현상이 나타나는 것이다. 즉 해당 기업 리츠의 특성을 보다 더 잘 반영하고 있는 AFFO를 사용했을 때가 최종적으로 두 데이터센터 리츠에서 발생하는 비현금 비용의 특수성을 상대적으로 더 잘 반영하고 있음을 알 수 있다. 이 책에서도 AFFO 기준의 밸류에이션을 적극적으로 활용할 계획이다.

순자산가치를 이용한 가치평가: 싱가포르

싱가포르 리츠의 경우 싱가포르 정부의 리츠 정책에 따라 매년 1회 이상 보유 부동산 전체에 대한 감정평가가 진행된다. 일반적으로 연말 1회 자산재평가가 이루어지는데, 이는 미국이나 한국과 달리 싱가포르 리츠만의 고유한 특징이다.

미국이나 국내 리츠는 최초 매입 시점 이후 매각 전까지는 부동산 가치에 대한 감정평가가 이루어지지 않기 때문에 대부분의 부동산이 장부에 매입 원가로 남아 있다. 따라서 장부가치를 이용한 가치평가, 즉 NAVNet Asset Value를 이용한 기업가치평가가 어렵다는 것이 특징이다. 이 이슈는 좀 더 확장해본다면, 보유 부동산을 매각했을 때 과연 처분손실일지 처분이익일지 쉽게 판단하기 어렵게 만든다는 점이 있다. 리츠 투자에 있어서 수익률이 총수익률Total Return로 계산되어야 하고, 총수익률은 결국 부동산 처분손익마저 모두 포함하는 것이므로 보유 자산의 재평가는 상당히 중요한 이슈가 된다. 그런데 싱가포르는 주기적인 자산재평가를 실행함으로써 리츠가 보유한 부동산의 순자산가치NAV: Net Asset Value를 투자자들이 판단할 수 있게 해주고, 이를 통한 기업가치(즉 시가로 평가되는 부동산 포트폴리오 가치)평가가 가능해진다.

이론상 '리츠의 기업가치(시가총액) = 시가 부동산 포트폴리오 가치'가 되어야 하기 때문에 싱가포르 리츠의 P/NAV는 장기적으로는 1에 수렴하는 특징을 가진다. 이것이 싱가포르 리츠가 투자자들에게서 인기를 끄는 큰 이유 중 하나이다.

미국 리츠로 4차 산업 건물주가 되라

참고로 미국과 한국 등 대부분의 나라에서는 부동산 포트폴리오에 대한 시가평가가 이루어지지 않기에 통상적으로 P/NAV 대신 내재자본환원율Implied Cap Rate = NOI/EV을 활용한다. 이처럼 복잡해 보이는 산식을 쓰는 것이 편할리 없다. 그 때문에 매년 자산재평가를 하고 순자산가치를 공시

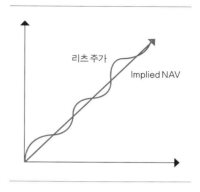

리츠 기업가치는 장기적으로 포트폴리오 NAV 가치에 수렴

리츠 주가

Implied NAV

하는 싱가포르 리츠는 투자자 친화적이다. 싱가포르 리츠는 연간 보고서에 자산재평가 손익 계정이 존재하며 일반 기업회계의 세전이익 격에 해당하는 재평가전순익NIBTF에 자산재평가 손익을 가감 후 세금 차감을 하면 순이익이 도출된다. 자산재평가를 매년 수행하기 때문에 싱가포르 리츠에는 감가상각도 존재하지 않는다.

자산재평가 손익은 자산 매각에 따른 현금흐름이 아니라 감정평가액 변동치이기 때문에 배당가능이익을 계산하려면 순이익에서 다시 자산재평가액을 가감해 배당가능이익을 도출한다. 자산의 가치를 주기적으로 평가하고 가치의 증가 및 감소를 모두 반영할 수 있다는 점에서 회계상으로 감소만 반영되는 감가상각보다 건물 가치의 시장가격 변화를 훨씬 더 잘 반영한다고 할 수 있다. 그 때문에 해당 리츠의 미래 가치를 고려하지 않을 경우 P/NAV는 거의 1배가 된다. 또한 감가상각을 통해 FFO(배당 여력)를 도출하는 미국 리츠와 달리 FFO를 구하지 않고 위의

배당가능이익으로부터 곧바로 유닛당 배당액DPU: Distribution Per Unit을 도출해 밸류에이션을 한다.

임대수익을 활용한 부동산 포트폴리오 가치평가

리츠가 보유한 부동산 포트폴리오의 영업 성과를 확인하기 위해서는 각 리츠가 공시하는 순영업이익, 즉 NOI를 활용할 수 있다. NOI는 간단히 말해 '부동산 매출 - 부동산 운영비용'이다. NOI는 여러 가지로 활용할 수 있지만, 첫 번째로 리츠의 투자 성과를 확인하는 데 사용할 수 있으며 두 번째로는 현재 리츠의 포트폴리오 가치가 시장에서 어떻게 평가되고 있는지 알 수 있다. 만약 월 100만 원을 받는 오피스텔을 보유 중이고 월 20만 원의 비용을 쓰고 있다면 (100만 원 - 20만 원) × 12개월 = 960만 원인데, 이를 NOI라고 한다.

부동산 가치평가에서 사용되는 자본환원율은 앞서 언급한 NOI를 부동산 가격으로 나눈 개념이다. 즉 '자본환원율 = NOI / 부동산 가치'다. 위 경우에서 해당 오피스텔을 A라 하고 가격이 4억 원이라고 한다면 자본환원율은 960만 원 / 4억 원 = 2.4%이다. 같은 4억 원인데 월 150만 원의 매출과 30만 원의 비용을 쓰는 오피스텔 B의 경우에는 NOI가 (150만 원 - 30만 원) × 12개월 = 1440만 원이며 자본환원율은 1440만 원 / 4억 원 = 3.6%가 된다. 이 경우 자본환원율이 더 높은 오피스텔 B가 현금흐름만 보았을 때 투자 매력이 더 높다.

그런데 해당 부동산의 가치를 4억 원으로 알고 있는 경우는 자본환원율 계산이 쉽지만 가치를 모르는 경우는 어떻게 될까? 가령 10년 전 4억 원에 매입했는데 현재의 가격은 그보다 상당히 상승한 경우라면 자본환 원율을 10년 전 가격으로 하는 것은 무리가 있다. 실제 미국 리츠나 한 국 리츠의 경우 부동산 가치를 장부에 원가로 기록하기 때문에 시가를 반영한 자본환원율을 구하기 어렵다는 단점이 있다.

그런데 리츠는 실적을 통해 NOI를 공시한다. 따라서 생각을 바꿔보 면 각 리츠가 공시하는 NOI를 이용하면 NOI/EV를 통해 리츠에 내재 된 자본환원율을 구해볼 수 있다. 시가총액을 통해 구하는 EV_{Enterprise Value}는 자기자본을 시가로 반영하고 있기 때문에 간접적으로나마 시장 에서 평가하는 '내재자본환원율'을 구해볼 수 있는 것이다. 이러한 방법 은 리츠의 EV를 전체 포트폴리오 가치(공정가치)로 가정하는 것에서 출발 한다. 반대로 싱가포르는 매년 자산재평가를 통해 공정가치를 알려주기 때문에 연말 자산가치 기준으로 자본환원율을 구할 수 있다.

간단한 예로 미국 물류 부동산 리츠 프롤로지스의 내재자본환원율과 미국 물류 부동산 시장 평균 자본환원율이 현재 각각 3%와 5%라고 가 정해보자. 프롤로지스의 내재자본환원율이 미국 물류 시장 자본환원율 대비 낮다는 것은 직관적으로는 프롤로지스가 시장 평균 대비 고평가되 어 있다는 말과 같다. 왜냐하면 프롤로지스의 기업가치가 실제로 발생하 는 NOI 대비 높게 평가되고 있기 때문이다. 그렇다면 프롤로지스의 고평 가는 나쁜 것일까?

그렇지 않다. 자본환원율은 결국 요구수익률이자 미래 가격의 현재가 치할인율과 같은 의미로 사용되기 때문에 자본환원율이 높을수록 자산

가격은 낮고, 자본환원율이 높을수록 자산가격은 높아진다. 채권의 금리와 같은 개념이다. 그 때문에 낮은 자본환원율은 역으로 시장이 해당 부동산 혹은 리츠를 우량으로 평가하고 있다는 것을 의미할 수도 있다. 이 부분이 자본환원율이 낮고, 그로 인해 배당수익률도 낮지만 시장이 그 부동산을 '고평가'하면서 리츠의 시장가격이 초과 상승한 부동산이 결국 총수익(부동산 가치 상승) 측면에서 더 양호한 결과로 이어질 수 있다는 점을 반드시 기억해야 한다. 이런 리츠들이 성장형 리츠이다.

전미리츠협회NAREIT에서는 분기별로 전체 상장 주식형 리츠에 대한 내재자본환원율과 각 산업별 리츠에 대한 평균 내재환원율을 공시하고 있다(NAREIT 공식 홈페이지 REIT DATA란의 T-Tracker를 참조하라).

03
리츠의 성장과
자본 조달 방식

증자와 성장

리츠 재무제표의 자기자본을 확인해보면 기업의 투자 재원인 사내유보금은 없고 그 자리에 누적 결손이나 초과 배당과 같은 계정이 존재하는 것을 볼 수 있다. 이는 리츠가 세법상 과세이익의 90% 이상을 의무적으로 배당으로 지급해야 하기 때문인데, 세법상 과세이익(회계상의 세전이익과는 다르다)은 일반적으로 회계상 순이익보다 크므로 지급 배당금이 순이익보다 크기 때문에 생긴 결과이다. 따라서 이렇게 누적 결손이 표시된 리츠가 추가적으로 부동산을 편입하고자 하는 경우 투자 재원을 오로지 신규 증자나 부채 조달(차입 등)을 통해 마련한다.

리츠 증자의 주요 목적은 일반적으로 신규 부동산을 매입하기 위한 자금 조달이다. 물론 증자가 아니라 대규모의 부채 조달을 통해 자산을 인수한다면 레버리지 효과로 인해 더 높은 투자수익률이 발생하겠지만, 부채비율이 너무 많이 상승하면 금리 상승이나 외부 거시환경 변화에 취약해지는 등 각종 문제점이 발생하므로 자산 인수에 부채만을 사용하는 경우는 매우 적다. 그리고 많은 나라에서 부채비율을 제한하고 있기도 하다.

통상적으로 리츠가 신규 부동산 포트폴리오를 인수한다는 것은 기업 M&A와 비슷한 관점으로 바라볼 수 있는데 그만큼 규모 면에서 대규모인 경우가 많다. 따라서 리츠가 대규모 부동산 포트폴리오를 인수할 때 증자는 자본 조달의 방법으로 대부분 시행된다고 볼 수 있다.

여기까지만 얘기하면 리츠는 잦은 증자로 인한 주주가치가 희석되는 일이 발생할 것만 같다. 결론부터 얘기하자면, 리츠는 특수한 경우를 제외하면 자산 매입을 위한 유상증자를 단행해도 주주가치는 거의 희석되지 않는다. 오히려 증자를 여러 번 수행한다는 것이 해당 산업에 사용되는 부동산에 대한 수요가 높음을 반증하는 경우가 더 많다. 증자가 없는 리츠는 죽어서 박제된 사자와 같지만, 증자를 자주 수행하면서 부동산을 계속 편입해나가는 리츠는 살아 있는 호랑이와 같은 것이다.

일반적으로 기업이 시장가격에 그대로 맞추어 유상증자를 단행할 경우 권리락이 발생하지 않는다. 그러나 증자 과정에서 할인 발행 등 신주인수권에 인센티브를 제공하면 증자 후 권리락이 발생하는 경우가 빈번

하다.

다만 리츠의 경우는 증자를 통해 조달하는 자본가치에 상응하는 실물자산을 단기 내에 인수하는 경우가 대부분이므로 증자 과정에서 발생하는 권리락이나 주식 가격의 변동폭이 상당히 제한적이다. 즉 살 부동산을 정해놓고 가격도 결정된 상태에서 증자를 결정하게 되는 경우가 대부분이다. 구체적인 사례로 미국 저온 물류 리츠인 아메리콜드와 통신 인프라 리츠 아메리칸타워의 증자를 예로 들 수 있다.

아메리콜드는 2019년 4월 증자를 통해 총 12억 6000만 달러의 자금을 조달했는데, 이는 모두 '클로버리프Cloverleaf'라는 저온 물류 업체를 인수하는 데 사용되었다. 아메리콜드의 클로버리프 인수 완료는 증자 공시일인 4월 16일로부터 11영업일 이후인 5월 1일이었으므로 증자를 단행한 지 2주 만에 신규 자산가치가 포트폴리오에 더해진 것이다. 당시 주가도 희석을 반영하지 않고 오히려 상승하는 흐름을 보였다.

2015년 2월 아메리칸타워는 버라이즌으로부터 1만 1489개의 셀타워를 인수하는 데 필요한 자금을 마련하기 위해 23억 달러 규모의 보통주 증자를 단행했다. 증자 이후 셀타워 인수 완료까지 걸린 시간은 24영업일에 불과했는데, 따라서 당 분기에 셀타워의 가치가 포트폴리오 자산가치에 반영될 수 있었다.

부채와 성장

리츠는 매년 상당한 비용을 이자비용으로 지출한다. 부채비율이 높거나 변동금리채권 비중이 높을 때 연간 EBITDA의 3분의 1에 해당하는 금액을 이자비용으로 지출하는 경우도 있다. 데이터센터, 통신 인프라, 물류센터 등 부동산에 투자하는 성장형 리츠들은 일반적으로 전통 산업에 투자하는 리츠보다는 높은 레버리지를 사용한다. 이 경우 전략적인 투자가 수반된다면 수익성을 개선시킬 수 있지만, 그렇지 않다면 높은 이자비용으로 이어질 수도 있다.

일례로 2015년 아메리칸타워는 버라이즌 소유의 통신타워 1만 1000개를 인수하기 위해 증자와 부채 발행을 모두 이용했다. 2015년 아메리칸타워의 연간 이자비용은 전년 대비 2.7% 증가한 5960만 달러를 기록했는데 연간 EBITDA는 15.7% 증가한 30억 7000만 달러를 기록했다. 따라서 아메리칸타워의 EBITDA/이자비용 비율은 2014년 4.6배에서 2015년 5.1배로 개선되었다. 이는 부채 조달을 통한 자산 인수가 긍정적인 레버리지 효과를 가져온 사례이다.

리츠 부채의 대부분은 고정금리 형태의 선순위채senior note가 높은 비중을 차지하고 있다. 미국 리츠의 경우 발행 당시 이자율을 고정한 고정이자 부채의 비중이 70~80%로 높다. 고정금리를 지급하는 부채의 비중이 높으면 미래에 발생하는 이자비용이 가시적이며 금리가 상승하는 국면에서 유리하다. 통신 인프라 리츠 아메리칸타워는 부채의 80%가 고정금리 부채(선순위 사채)로 구성되어 있다. 변동금리 부채 비중이 높지 않기 때문에 연간 발생하는 이자비용이 가시적이다. 물류 리츠 프롤로지스의 부채 또한 전체의 81%가 고정금리로 발행된 선순위채로 구성되어 있다. 데이터센터 리츠 에퀴닉스 고정금리 부채는 전체 부채의 76%를 차지하고 있다.

싱가포르 물류 리츠 메이플트리로지스틱스의 부채비율은 64% 수준으로 미국 리츠 평균 100% 대비 매우 낮다. 전체 부채 중 고정금리 부채 비중은 84%에 달한다. 싱가포르 상장 데이터센터 리츠인 케펠DC리츠 Keppel DC REIT나 아센다스리츠의 부채비율 역시 48%, 65%로 낮은 모습을 보이고 있다. 이처럼 안정적인 재무구조는 리츠가 새로운 투자를 할 때 보다 용이하게 자본을 조달할 수 있도록 해준다.

국가별 리츠 부채비율 규제

미국의 경우 증권거래위원회SEC나 전미리츠협회 등 정부 기구나 협회 차원에서 상장 리츠 부채비율에 대한 규제를 정한 것이 없다. 다만 싱가포르의 경우 정부에서 '기어링gearing 비율(총부채/총자산)' 한도를 45%로 규제하며 부채를 체계적으로 관리하고 있다.

싱가포르 리츠는 대부분 정부 기관과 공적 연기금이 최대주주 혹은 스폰서로 자리 잡고 있다. 해당 스폰서가 자체 개발한 부동산 물량을 리츠에 매각해 운영하게 하는 소위 '앵커 리츠'이다. 정부 차원의 투자 사업이기 때문인지는 몰라도 부채 규모를 규제하는 데 엄격한 편이다. 싱가포르 외 국가에서는 홍콩, 말레이시아, 독일, 네덜란드 등이 리츠의 부채/자산 비율을 규제하고 있다.

리츠의 역사가 비교적 오래된 선진국들은 리츠 부채 규모를 특별히 규제하지 않고 있다. 이는 리츠의 역사가 60년을 넘어가고 있는 미국이

국가별 리츠 부채 규제 현황

	부채/자산 비율(기어링) 규제	기타 부채에 관한 규제
싱가포르	45%	고려 중(이자보상비율 > 2.5배)
홍콩	45%	없음
말레이시아	50%	없음
태국	60%	없음
벨기에	60~66.25%	없음
독일	60~66.25%	없음
네덜란드	60~66.25%	없음
미국	없음	없음
일본	없음	없음
캐나다	없음	없음
호주	없음	없음
영국	없음	이자보상비율(ICR) > 1.25배
프랑스	없음	없음

주: 2019년 7월 기준
자료: Monetary Authority of Singapore, 하나금융투자

나 50년 가까이 된 호주, 20년을 넘어가는 유럽 국가와 일본 등이 해당한다. 다만 리츠 시장 규모가 비교적 작은 독일이나 네덜란드는 부채/자산 비율을 60~66%로 규제하고 있다. 영국은 직접적으로 부채 규모를 규제하고 있지는 않지만 연간 이자보상비율을 1.25배 이상으로 유지하도록 명시하고 있다. 이러한 제도적 차이 때문에 국가별 리츠의 부채 규모는 상이한 모습을 보인다.

5장

·

4차 산업 리츠에 투자할 때
기억해야 할 리스크들

모든 투자에는 리스크가 존재하는 것처럼 리츠 투자에도 다양한 리스크 요인이 존재한다. 앞 장에서 우리는 4차 산업 리츠에 대한 낙관적인 이야기를 풀어놓았지만, 투자라는 것이 늘 그렇듯이 긍정적인 부분만 존재하는 것은 아니다. 이번 장에서는 리츠 투자 시 발생할 수 있는 리스크 요인들에 대해 살펴볼 것이다. 해당 리스크들은 상황에 따라 투자자가 회피할 수도 있고, 그렇지 못할 수도 있다. 다만 리츠에 대한 꾸준한 공부와 산업에 대한 팔로우업이 이루어진다면 투자자는 굳이 지지 않아도 되는 리스크 정도는 회피할 수 있을 것이다.

01
금리 리스크

매크로 변수 중 리츠 수익률에 매우 큰 영향을 미치는 것 중 하나가 바로 금리다. 금리는 다양한 경로를 통해 리츠 투자 심리에 영향을 주며 간혹 부동산이나 리츠 펀더멘탈에도 영향을 주기 때문이다. 수익형 부동산에 대한 투자 심리는 일반적으로 금리가 상승하는 시기에 부진하다.

예를 들어 미국 리츠의 연평균 배당수익률이 5%이고 무위험 수익률 Risk-free Rate로 분류되는 미국 국채 10년물 금리가 1%라고 가정해보자. 이 경우 미국 국채는 전 세계에서 가장 안전한 자산이기 때문에 투자자는 위험이 전혀 없는(즉 무위험) 연 1%의 이자수익을 올릴 수 있다. 반면 미국 리츠에 투자해 연 5%의 배당수익률을 올린다면 해당 투자자는 추가적인 위험을 감수하면서 추가로 연 4%의 수익을 올릴 수 있다.

이번에는 미국 경기가 매우 안정적이어서 연방준비은행이 기준금리를 인상해 미국 10년물 금리가 2%까지 상승했다고 가정해보자. 투자자가 미국 리츠에 투자하며 감수하는 추가적인 위험은 그대로이지만 얻을 수 있는 추가 수익률은 연 3%로 줄어든다. 따라서 이전 대비 리츠에 투자하려는 투자자들은 줄어들고, 위험 회피 성향이 강한 투자자일수록 리츠 투자를 꺼리게 된다.

수익형 부동산에 대한 투자 성과는 매각 시 발생하는 차익을 제외한다면 해당 부동산을 '얼마에 사서 연간으로 얼마의 임대료를 받았는가'로 결정된다. 예를 들어 2020년 말 10억 원에 산 부동산이 2021년 연간 5000만 원의 임대료를 주었다면 투자수익률은 연 5%가 된다. 리츠의 경우에는 이 부분이 배당수익률로 결정된다.

리츠는 상장 거래소를 통해 거래되는 주식형 자산이기 때문에 채권보다는 당연히 투자 위험도가 높다. 결론적으로 금리가 상승해서 채권

금리 상승과 리츠 지수 추이

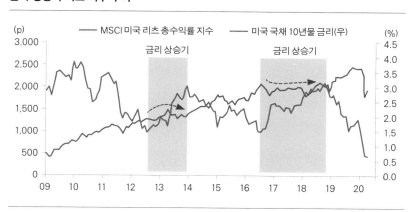

수익률이 상승한다면 배당수익률과 채권수익률의 괴리, 즉 스프레드는 축소되고 상대적으로 리츠의 투자 매력은 떨어진다. 따라서 시장금리가 상승하는 기간에는 리츠의 수익률이 상대적으로 하락하는데, 미국 리츠 지수는 2008년 이후 2번의 시장금리 상승기에서 모두 상대적으로 부진한 흐름을 보였다.

부채 리스크

리츠는 세법상 과세이익의 90%를 배당해야 하기 때문에 내부적으로 투자 재원을 쌓기 어려운 구조이다. 따라서 반복적인 자금 조달을 통해 외형 성장을 지속하기 때문에 종종 높은 부채비율(부채/자기자본)을 보이곤 한다. 리츠가 높은 부채비율을 수반할 경우 직면할 수 있는 리스크 몇 가지를 꼽을 수 있다.

높은 이자비용

우선 높은 부채비율을 유지할 경우 연간 지급해야 하는 이자비용이 높기 때문에 배당 재원을 감소시키는 결과로 이어진다. 예를 들어 리츠 A의 연간 EBITDA가 10억 원인데 높은 부채로 인해 연간 이자비용이 5억 원씩 발생한다면 리츠의 배당 재원은 반으로 줄어든다. 이 경우 리츠가 과세이익의 90%를 배당하더라도 연간 배당수익률이 높지 않을 수 있다. 더군다나 금리가 상승하는 상황에 직면한다면 변동금리에 노출된 부채들은 더 많은 이자비용을 요구하기 때문에 금리 변화에 따라 기업의 펀더멘탈이 민감하게 반응한다.

디폴트 리스크 증가

부채가 높으면 당연히 파산에 직면할 위험성도 높아진다. 2008년 글로벌 금융위기 당시 높은 부채비율로 인해 미국 대형 리츠가 파산을 맞이한 사례가 있다. 2009년 4월 발생한 제너럴그로스프로퍼티스GGP: General Growth Properties의 파산은 미국 리츠 60년 역사상 가장 큰 상장 리츠 파산 사례였다. 금융위기 이전까지만 해도 GGP의 시가총액은 최고 350억 달러(약 42조 원)를 기록하며 사이먼프로퍼티그룹에 이은 글로벌 2위 리테일 리츠였다. 파산 당시 GGP의 부채비율은 무려 1600%를 상회했는데(즉 부채 규모가 자기자본의 16배) 글로벌 금융위기 이후 지속된 경영 악화로 부채 상환 능력이 급격히 감소했다.

GGP의 높은 부채비율의 배경에는 대규모 부동산 인수를 위한 무리한 부채 조달이 있었는데, 2004년 한 해 동안 GGP가 인수한 부동산 규모만 약 150억 달러였다. 인수자금은 주로 신규 부채 발행을 통해 이루어졌기 때문에 당시 GGP의 부채비율은 기존 120%에서 250%로 2배 가

제너럴그로스프로퍼티스의 역사적 주가 추이

까이 상승했다. 향후 포트폴리오 내 비우량 자산 매각을 통해 부채비율을 낮출 계획이었으나 자산 매각은 다양한 이유로 지연되었고 뚜렷한 업황의 개선도 없었기에 이후에도 부채비율을 낮추는 데 실패했다.

2007년 중순 글로벌 CMBS(상업용 모기지 채권)에 대한 시장의 불안감이 확산되자 2007년 7월 뉴욕주퇴직연금기금NYSCRF이 GGP가 22개 쇼핑몰을 운영할 목적으로 차입했던 55억 달러 규모 부채에 대한 상환 옵션을 행사했다. 2008년 9월 리먼브라더스 파산 이후 시장의 CMBS 상환 압력은 더욱 높아졌고 부채 상환 능력이 극도로 떨어져 있던 GGP는 마지막으로 채권단과의 협상마저 실패하며 2009년 4월 파산보호를 신청한다. 2008년 초만 해도 45달러 수준이었던 GGP 주가는 파산 당시 60센트까지 폭락하며 수많은 투자자에게 손실을 안겨주었다.

리츠에도 다양한 섹터가 존재하는 만큼 주가는 각 리츠의 업황에 매우 민감한 모습을 보인다. 일반적으로 리츠의 업황은 특정 산업에서 발생하는 부동산 수요와 밀접한 관계가 있는데 부동산에 대한 수요가 리츠의 외형 성장과 직결되기 때문이다. 부동산 수요 감소가 유발하는 업황 리스크는 특정 시장에서 일시적으로 나타나는 현상일 수도 있으며 아예 장기적인 추세일 수도 있다.

단기적인 업황 부진은 일반적으로 시장 수요 대비 너무 많은 부동산 공급, 즉 특정 부동산 시장에 일시적으로 초과 공급 현상이 나타났을 때 발생한다. 이는 주로 경제 호황기 말미에 나타나곤 하는데, 2010~2019년 호황기 말미에 미국 물류 부동산 시장과 미국 헬스케어(요양원)

부동산 시장에서 초과 공급이 발생했던 것을 예로 들 수 있다.

과도한 공급에 따라 부동산 시장에서 초과 공급이 나타날 경우 일반적으로 공실률의 상승과 임대료 상승률의 하락이 나타난다. 따라서 초과 공급 상황은 리츠의 임대수입 성장률을 감소시키며 결과적으로 배당의 성장도 감소시킨다. 다만 이는 단기적인 수요 공급 논리에 의해 나타나는 현상이므로 추세적인 업황 부진으로 판단하기는 어렵다. 물류 인프라나 헬스케어 시설처럼 수요가 장기적으로 증가하는 부동산이라면 초과 공급에 따른 업황 부진은 시간이 지나면 해소될 가능성이 높다.

다만 이와 달리 추세적으로 수요가 감소하는 경우도 있다. 예를 들어 미국 백화점과 오프라인 쇼핑몰을 중점적으로 투자하는 리츠 등이다. 2000년대 중반 이후 온라인 쇼핑의 증가와 함께 미국 오프라인 소비는 꾸준히 감소해왔다. 미국 통계청 자료 기준 2007년 2100억 달러에 달했던 미국 백화점 매출은 2013년 1700억 달러로 감소했고, 2019년에는 1350억 달러를 기록하며 2007년 대비 35% 감소했다. 만약 백화점에만 집중적으로 투자하는 리테일 리츠라면 장기적으로는 수요가 감소하는 부동산에만 투자하는 것이다. 이러한 흐름은 장기적인 업황 부진으로 연결될 가능성이 있다.

04
실물경제 리스크

실물경제 리스크는 특정 국가나 글로벌 경제가 부진을 겪으면 발생한다. 실물경제 리스크는 앞서 설명한 리스크들과도 연관되기 때문에 가장 심각한 유형의 리스크로 볼 수 있다. 특히 리츠가 수반하는 실물경제 리스크는 핵심 임차인들이 경영난을 맞이하며 나타나는데, 임차인의 상황이 악화될수록 리츠 입장에서는 임차인으로부터 임대료를 수령하기 어렵기 때문이다. 2008년 금융위기나 2020년 코로나19 팬데믹과 같은 상황을 대표적인 실물경제 리스크로 볼 수 있다.

실물경제 리스크가 무서운 것은 다른 리스크들로 연결된다는 점인데, 부채비율이 높은 리츠는 심각한 경우 파산 위험에 직면할 수도 있으며 기존 업황이 부진했던 경우 업황을 더욱 악화시킬 수도 있다. 실물경제

170   미국 리츠로 4차 산업 건물주가 되라

부진이 금융시장으로 전가될 경우 자본시장이 경색되곤 하는데, 신규 부동산을 인수하거나 개발하기 위한 자금 조달이 어려워져 추가적인 성장동력을 잃을 수도 있다.

코로나19 팬데믹은 역대 실물경제 리스크 중에서도 부동산 시장에 가장 큰 타격을 주고 있다. 전염성 높은 바이러스의 확산으로 소비자들이 실물자산에 접근하는 것 자체가 불가능해졌기 때문이다. 특히 호텔이나 카지노, 백화점, 쇼핑몰과 같이 오프라인 소비에 민감한 부동산들은 월 매출이 거의 0에 수렴하게 되었다.

1902년 제임스 캐시 페니James Cash Penney에 의해 설립된 JC페니는 무려 120년에 가까운 역사를 자랑하는 대표적인 미국 백화점 체인이다. 오랜 역사에도 불구하고 JC페니는 코로나19가 본격적으로 확산된 2020년

2020년 5월 15일 파산보호를 신청한 미국 백화점 체인 JC페니

3월 초를 기점으로 불과 2달 만인 5월 15일에 공식적으로 파산을 신청했다. 코로나19 확산 방지를 목적으로 대부분의 점포가 운영을 중단하며 단기 유동성이 크게 감소했고, 부채비율 또한 600%에 달해 이자비용조차 감당할 수 없었기 때문이다. JC페니의 파산보다 일주일 앞서 미국 고급 백화점 체인인 니만마커스 또한 파산을 신청했는데 마찬가지로 코로나19 확산으로 총 43개에 달하는 매장을 모두 운영 중단한 것이 주요 원인이었다.

미국 리테일 시장에 퍼진 실물경제 리스크는 미국 상업용 부동산 시장으로 전가되었는데, 리테일 매장들의 운영 중단이 곧바로 상업용 부동산 임대수입의 급감으로 이어졌기 때문이다. 셧다운이 본격화된 2020년 4월 미국 리테일 리츠의 임대료 수령 비율은 40%에 불과했다. JC페니와 같은 백화점 체인을 주력 임차인으로 두는 사이먼프로퍼티의 주가는 2월 중순 140달러에서 4월 초 46달러로 70% 가까이 폭락했는

과거 10년간 사이먼프로퍼티 주가수익률

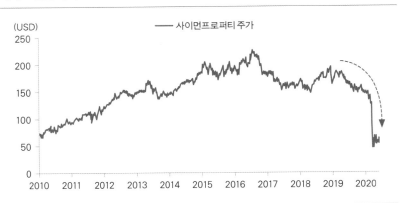

데, 이는 투자자가 10년 전에 사이먼프로퍼티 주식을 샀더라도 현재 마이너스 수익률을 기록할 만큼의 대폭락이었다.

유명 호텔 체인들을 주요 임차인으로 두고 있는 호텔 리츠 호스트호텔&리조트HST 또한 리테일 리츠들과 비슷한 행보를 보였다. 2020년 1월 HST 주가는 17~18달러 선에 거래되었었는데, 코로나19의 확산으로 호텔 수요 감소가 예상되자 3월 중순 주가는 11달러까지 약 40% 폭락하는 모습을 보였다. 이후 1분기 임대수입이 급격히 감소하자 HST는 2020년 2분기부터 배당 지급을 일시적으로 연기할 것을 발표했다.

배당 삭감이나 배당 지급 이연은 주가 하락으로 높아진 시가배당수익률을 다시 낮춰버리기 때문에 신규 투자자들이 진입할 유인을 감소시킨다. 2020년 1분기 실적 발표에서 배당 삭감을 공시한 이후 HST의 주가는 15% 추가 하락했다. HST에 이어 글로벌 2위 호텔 리츠인 파크리조트PK 또한 5월 11일 연내 배당 지급 중단을 선언했는데, 시가 기준 11%에 달하던 예상 배당수익률이 2%로 추락하며 주가는 당일 8% 추가 하락했다.

코로나19 확산은 요양원이나 전문 간호시설에 투자하는 헬스케어 리츠의 주가에도 매우 부정적인 영향을 주었다. 2020년 3월 초에는 워싱턴 주 커클랜드에 위치한 라이프케어센터에서 집단감염이 발생했는데, 바이러스의 취약한 고령인구 특성상 한 개 시설에서만 30명이 넘는 많은 사망자가 나왔다.

미국에서 요양원발 코로나19 감염이 확산되자 웰타워나 벤타스Ventas와 같은 미국 헬스케어 리츠의 주가는 60% 가까이 폭락했다. 투자자들

다수의 확진자가 발생한 워싱턴 커클랜드 라이프케어센터

자료: 언론보도, 하나금융투자

커클랜드 라이프케어센터에서는 27명의 사망자가 발생

자료: 언론보도, 하나금융투자

이 요양원이나 전문 간호시설에 대한 수요가 크게 감소할 것을 예상했기 때문이다. 미국 헬스케어 리츠들은 보유 자산 중 요양원senior housing과 전문 간호시설skilled nursing facility이 차지하는 비중이 높아 바이러스 확산에 매우 취약한 모습을 보였다. 영업실적 감소에 대한 불안감은 배당 삭감의 공포로 이어졌다. 실제로 미국 전역에서 1500개 이상의 요양원 시설을 보유 및 임대하고 있는 웰타워는 5월 6일 2020년 1분기 실적 발표에서 분기 배당을 주당 0.87달러에서 0.61달러로 30% 삭감했는데, 기대 배당수익률이 하락함에 따라 주가는 또 한 번 크게 하락했다.

코로나19 팬데믹은 리테일, 호텔, 헬스케어 등으로 구성된 전통 상업용 부동산 시장에 전례 없는 위기를 가져다주었다. 비록 이번 위기는 바이러스의 확산이라는 특수한 상황에서 비롯되었지만, 수요의 감소가 리츠가 가지고 있는 부동산 펀더멘탈에 충격을 준 것은 과거 실물경제 위기 상황과 유사하다고 볼 수 있다.

이번 코로나19와 같은 위기를 사전에 대처할 수 있는 방법은 사실상

미국 리츠 섹터별 2020년 주당배당금 예상 성장률

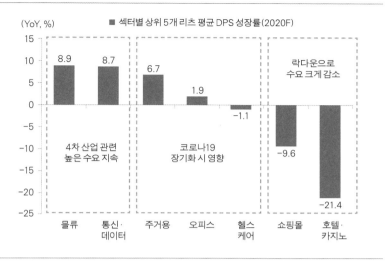

자료: Bloomberg, 하나금융투자

전무하다. 따라서 투자자로서 할 수 있는 일은 평소에 산업에서 높은 수요가 나타나는 부동산을 찾기 위해 노력하는 것이다. 3월 말 코로나19 공포가 정점을 달할 때는 4차 산업 리츠와 전통 리츠 구분 없이 거의 모든 상장 리츠가 20% 이상의 주가 폭락을 겪었다. 다만 4월 이후부터 4차 산업 리츠의 주가는 전통 리츠보다 빠르게 회복되었다. 4차 산업에서 비롯된 자산 수요는 생각보다 큰 타격이 없었기 때문이다.

앞으로도 높은 4차 산업 수요를 기반으로 한 성장형 리츠들은 회복과 하락을 반복하면서도 상대적으로 견조한 모습을 보일 것이다. 부동산에 대한 수요가 나타나는 한 리츠의 가치는 꾸준히 상승할 것이기 때문이다. 결론적으로 성장하는 부동산을 찾아서 투자하는 것이야말로 리츠 투자자가 할 수 있는 최대한의 리스크 관리라고 할 수 있다.

6장

·

강남 아파트 대신
글로벌 성장형 리츠에
투자하라

'부동산 투자 = 아파트 투자'라는 공식의 반세기가 지나간다

재테크, 재財를 모으는 데도 기술이 필요하다는 이 단어는 세대별로 사용하는 용어만 다를 뿐, 한국에서 태어났다면 반드시 듣게 되는 단어이다. 재산이라는 의미를 알고 나서 들으면 '재테크'라는 용어가 더 잘 지어졌다는 평가를 내릴 수 있는데, 재산財産에서 '재'는 축적된 자산으로 Stock을, '산'은 현금흐름 창출 자산으로 Flow를 의미하고 있어서다. 즉 '재'는 아파트처럼 부동산과 같은 개념이고, '산'은 연금저축과 같은 것을 의미한다고 보아도 큰 무리가 없다. 그런 의미에서 재테크에서 아파트가 항상 최고의 지위를 차지하고 있다는 것도 어쩌면 당연한 결과일지 모르겠다.

아파트는 박정희 정권 시대 1969년 말 한남대교가 뚫린 이후부터 2020년대 오늘에 이르기까지, 또 복부인에서부터 20대 대학생들이 갭투자를 하기까지 소위 돈 좀 있다는 일반인뿐 아니라 돈이 부족하다는 대학생까지 모두 투자하는 주력 투자처가 되었다. 그 결과일까? 한국 주택의 시가총액은 2019년 말 기준 5000조 원에 육박할 정도가 되었고, 주식시장 시가총액을 약 3배 이상 앞지르고 있다. 상장기업 전체의 시장가격보다 주택의 시장가격이 3배 이상 큰 것이다. 이는 적어도 우리가 들어본 주요 국가들에서는 도저히 찾아볼 수 없는 수준의 격차이다. 아마도 세계사의 역사 속에서 1980년대 플라자 합의 전, 버블 붕괴 전의 일본만이 가보았던 영역이다. 그만큼 한국의 부동산 사랑, 특히 아파트 사랑은 세계적으로 유사 사례를 찾기 어려울 정도로 과열된 것이 사실이고, 이 시장에 지난 수십 년간 가계의 자금이 지속해서 흘러왔다.

한국전쟁 이후 거의 붕괴되다시피 했을 서울시에 사람들이 자연스럽게 모여 살면서 달동네를 개척하다가 구획정리 사업을 하고, 그러다 신시가지도 만들고 아파트를 본격적으로 공급하면서 개척해온 한국 부동산 시장의 역사는 그렇게 약 2000만 호의 주택이 건설되는 과정에서 양적 측면에서 선진국 수준의 주택 공급량에 도달한 것이 사실이다. 그런데 그 과정에서 주택 시장이 그 어느 나라보다 더 높은 비중으로 개인들의 투자 대상이 되어갔다. 산업적 측면으로 봤을 때 투자 수요의 유입은 긍정적 효과도 낳는다. 그러나 동전의 양면처럼 개인 투자 수요의 유입은 부정적인 면도 많았다. 외형만 보자면 2019년 말 기준 유주택 가구약 1150만과 무주택 가구 약 850만 간으로 구성된 한국의 가구 구성은

미국 리츠로 4차 산업 건물주가 되라

다른 나라와 큰 차이가 없다.

　그러나 무주택 가구 850만을 공급하는 주체의 약 80%가 다주택자라는 것이 갈등의 요소 중 하나이다. 내가 갖지 못한 것을 저 사람이 두 채이상 보유하고 있다는 것을 알게 된 순간, 또 그들이 불로소득이라고 할 만한 토지 가격 상승의 수혜를 모두 갖고 간다는 점은 많은 사회적 갈등을 만들어낸다. 이러한 갈등에는 역사가 있다. 1970~1980년대에도 임차료가 과도하게 올라 다수의 임차인이 유서를 써놓고 극단적 선택을 한 경우가 있고, 반대로 임대인을 죽이는 사례도 있었다. 시대가 흘러 최근에도 달라진 것은 많지 않다. 오히려 최근에는 사회생활을 시작했거나 시작해야 할 20대들에게 GDP의 3배에 육박하는 높은 주택 가격은 아예 엄두가 안 날 정도의 높은 가격인 것이 사실이다. 이들은 소위 'N포세'대라고 불린 지 좀 됐는데, 집에 대해서는 아예 집을 사야겠다는 생각조차 못 하고 있다. 많은 다른 나라에서 그러하듯 우리나라의 미래를 책임질 청년층 세대들이 이처럼 높은 주택 가격과 주거비용 속에서 경제활동을 하라고 요구하는 것은 너무나 불행한 일이다.

　반대로 5000조 원이 될 만큼 쌓인 자산가격의 급격한 하락을 유도한다면 그때는 어떻게 될까? 그때는 한국이 그간 경험했던 그 어떤 위기보다 더 심각한 위기가 초래될 수도 있을 것이다. 5000조 원의 주택 가격은 그냥 형성된 것이 아니다. 가계는 이 시장에 1600조 원 이상의 가계부채를 투입했고, 500조 원 이상의 임차보증금도 투입했다. 즉 합산 2100조 원이라는 한 해 GDP를 넘는 수준의 부채나 간접부채가 이 시장과 연동되기 때문에 부동산 시장의 가격 하락이 크게 발생한다면 그 자체로 미증유의 경제위기, 나아가 사회적 위기로까지 연결될 가능성도 높다.

다시 말해 한국 부동산 시장은 가만히 두기엔 생산성 대비 너무 높은 가격대를 유지하고 있어 후세대에게 부담이고, 반대로 하락을 유도하기에는 너무 큰 시장이라 그 자체가 회복 못 할 타격으로 연결될 수 있다. 이 시점에서 보자면 소위 진퇴양난과 가깝다. 미래의 주인공이 될 새로운 세대들에게는 너무나 높은 가격으로 인해 엄두조차 안 나며 자연스럽게 갖지 못하는 대상이 되고, 주거공간의 적절한 확보 없이는 자연스럽게 많은 것들을 포기할 수밖에 없는 게 사실이다. 그렇다고 연금생활에 임박했거나 수년 후 연금생활자가 되어야 할 사람들의 기초 자산인 주택 시장이 붕괴하는 것은 소위 중장년 이후 세대들에게 지옥처럼 받아들여질 것이다.

이런 상황 속에서도 여전히 많은 사람이 재테크라는 단어를 들으면 부동산부터 떠올린다. 많은 부동산 언론들도 이런 분위기를 만들어낸다. 매일매일 어느 동네는 얼마가 올랐더라, 어디가 좋다더라, 어디는 분양하자마자 몇 천만 원, 몇 억 원이 프리미엄으로 붙었다, 어느 분양은 로또다 등 소위 부동산 시장이 활황이 되면 유리한 사람들을 스피커로 올리고, 부동산 관련 광고를 유치하는 언론들이 앞장서서 부동산 시장을 달군다. 2010년대 들어서는 수많은 카카오톡, 텔레그램 단톡방이나 온라인 카페 등에서도 이런 분위기들을 묘사하곤 한다. 이런 분위기 속에 사람들의 관심이 몰리고, 관심은 돈을 불러오고, 돈은 시장을 다시 과열시키는 것을 반복한다.

안타까운 것은 '가격'의 변화에만 흐름을 쫓다 보니 가격 아래에 있는 시장의 펀더멘탈은 다소 잊히고 있다는 것이다. 이미 주택의 공급은 우리나라 가구 구성원 수준에 맞도록 충분히 공급된 상태이다. 양적 공급은 부족함이 없으나 질적 공급(면적이나 연식) 측면에서는 여전히 나아갈 길이 멀다. 다만 질적 공급 중 상당 부분은 인테리어 수선을 통해서도 이룰 수 있는 것인데, 많은 사람이 재건축·재개발만을 질적 공급 수단으로 알고 있어서 아쉽다.

추가적으로 주택 수요의 기본 단위가 '가구'인 만큼 가구 구성원의 변화 역시 주택 수급상 변화 요소 중 하나이다. 과거에는 85제곱미터(25평형)라는 국민주택을 몇 호 공급하는 것이 중요했을지 몰라도 앞으로의 주택 공급은 1인 가구를 위한 10~13평형 공동주택, 2인 가구를 위한 16~24평형의 새로운 평면을 갖는 주택 공급이 중심이 될 것이다. 이런 변화의 과정에서 현재의 25평과 34평이라는 방 3개짜리 3-베이 국민주택 평형은 소위 올드한 기준이 될 수도 있다는 의미다. 올드Old는 늘 새로움, 뉴New에 의해 대체된다. 국내 주택 시장에서도 새로운 가구 구성원들이 만들어낼 새로운 기준은 종전 시장의 주인공들을 도태시킬 수 있고, 도태되는 과정에서 큰 가격 조정의 가능성도 있다.

2025년 기준으로 우리나라의 주택 수가 약 2400만 호로 현재 대비 400만 호 이상 증가할 것으로 예상되는데, 현재 그런 공급 목표를 달성하는 데는 특별한 문제가 없는 상황이 되었다. 이런 상황에서 아직도 '공급 부족'을 외치거나 혹은 '소득 증가'를 외치면서 주택 가격이 상승한다는 달콤한 주문에 빠져 1주택 이상의 주택 투기에 참여할 필요는 없다.

주택 시장이 1970년 이후 지난 50년간 훌륭한 재테크 수단인 것은 사실이었지만, 앞으로는 재테크 수단으로서 적절하지 않게 될 가능성이 좀 더 높기 때문이다. 주택과 같은 '비산업용' 부동산에 우리나라 자산 5000조 원이 축적되어 있고, 부채 1600조 원과 임차보증금 500조 원이 묶여 있는 것은 한국의 경제 활력을 떨어뜨리는 일이다.

달이 차면 기우는 법이랄까, 한국인의 아파트 사랑에는 2020년 들어 변화가 나타나고 있다. 원래 변화는 서서히 나타나는 법인데, 이것이 대세가 되는 순간은 급격한 S커브를 그리면서 솟구친다. 변화 중 하나는 2020년 현재 우리나라 시장에는 '동학개미운동'으로 불린 가계 자산의 금융시장 이전이 천천히 일어나고 있다. 종전보다 스마트해진 개인들이 과거와 다른 패턴으로 코스피 시장의 우량주와 테크 기업들을 매수하기 시작하는 것이다. 2020년 한 해에만 개인들 순매수는 20조 원을 넘었고, 예치금이 40조 원을 넘을 정도로 돈들이 밀려오는 곳이 금융시장이 되고 있다. 약 20년 만에 가계의 자금흐름이 금융시장으로 오는 거대한 변화 중 하나이다. 둘째는 아파트 시장에 나타나기 시작한 가격 조정 흐름이다. 소득 대비 혹은 GDP 대비 최고치 수준의 가격이므로 달이 차면 기우는 것처럼 자연스러운 결과라고도 할 수 있지만, 그간 정부가 20회 가까운 정책을 내면서 투기자금이 흘러들어 가기 어렵게 만든 점이 큰 원인 중 하나이다.

그러나 여전히 많은 사람들은 부동산 투자가 주는 안정감이랄까, 이런 것들을 찾을 것이다. 실물자산이 주는 안도감 대비 금융시장에 상장된 주식들은 다소 현실감이 떨어진다고 느낄 만한 사람도 많을 것이다.

그리고 부동산만 알지 금융시장은 잘 모르며 어렵다고 느낄 만한 사람도 많으리라 본다. 또 사서 잊어버리고 싶다거나 혹은 다양한 이유로 금융시장을 알아가는 게 부담인 사람도 많을 것이다.

그런 분들에게 어쩌면 가장 적합한 것이 이 책에서 다루는 '상장 리츠'가 아닌가 한다. 또 단순히 상장 리츠 전체를 추천하는 것이 아닌바 성장하는 부동산만을 보유하고 있는 4차 산업 리츠들에 관심을 가질 시점이다.

02
리츠 주가는 도대체
왜 움직이는 것일까?

2020년 5월, 국내 리츠 산업의 현황을 짚어보고 국내 리츠 업계의 규제 완화나 제도 개선 등을 위해 리츠협회와 규제개선위원회, 리츠 운용사, 증권사를 포함한 금융회사 주요 인사들이 모여서 컨퍼런스를 했다. 같은 테이블에 앉은 분들은 리츠 운용사로 상장 리츠를 준비 중인 분들이었고, 자연스럽게 상장 리츠의 주가에 대한 얘기가 나왔다.

이들의 궁금증 중 하나는 '상장 리츠의 주가가 배당수익률이 양호한데도 불구하고 저조한 이유가 무엇인지'에 대한 것이었다. 상장을 준비하는 모든 기업이 갖는 의문, 사실 투자자라면 누구나 갖는 질문은 결국 주가에 대한 것이리라.

이 자리에서 나는 이 책에서 지속적으로 설명하고 있는 리츠의 '총수익률'을 기준으로 투자자들이 리츠를 평가한다는 것을 언급했다.

모 기금의 대체투자위원으로 활동하면서 부동산을 투자하는 데 요구수익률이 핵심임을 알게 되었다. 요구수익률은 결국 해당 부동산의 순영업이익인 NOI가 높고, 나아가 자본환원율인 Cap Rate가 높을수록 쉽게 맞출 수 있다.

그러나 자본환원율은 부동산을 보유하고 있는 기간, 즉 보유 기간의 수익률을 보여줄 뿐이다. 해당 부동산을 매입한 순간부터 매각하는 생애주기 전체의 수익률은 총수익률 관점에서 접근해야 하며, 총수익률에는 반드시 부동산의 처분손익이 포함된다.

가령 특정 부동산의 10년 보유 기간 중 자본환원율 3%인 부동산이 처분이익은 30%가 났다면 총수익률은 산술적으로 60%(3%×10년+30%)가 될 것이다. 그런데 다른 부동산의 경우 자본환원율은 2%로 낮지만 부동산의 처분이익이 100% 났다면 총수익률은 120%로 2배가 된다. 사례 비교를 위해 케이스를 단순화했지만, 이처럼 보유 기간의 자본환원율이라는 것은 말 그대로 보유 중의 수익률일 뿐이어서 총수익률을 보여주지 못한다.

그러나 투자자들은 상장 리츠를 바라볼 때 총수익률 관점에서 바라본다. 가령 유통시설들을 잔뜩 들고 있는 리츠라면 투자자들은 10년 후 그 유통시설들이 여전히 현재의 조건대로 계약을 유지해서 배당을 줄 수 있을지 고민한다. 이와 연결해 10년 후 부동산 가격이 지금보다 올라 있을지 내려갈지에 대한 리스크·기회 요인들을 고민하게 되며, 만약

10년 후 부동산 가격에 대한 확신이 적다면 현재 양호한 수준의 배당수익률을 제공하고 있다 하더라도 총수익률 관점에서는 투자를 꺼리게 된다.

리츠 주가는 총수익률을 반영하며 움직이므로 이런 고배당−저성장 산업의 리츠인 경우 종합적 측면에서의 성과가 부진한 때가 적지 않다. 반면 이 책에서 주로 다루는 4차 산업 인프라에 해당하는 데이터센터나 통신타워, 이커머스 시장의 기반 시설인 물류센터 등의 10년 후 시장 여건을 고민해본다면 최소한 지금보다 더 높은 수요를 유지하고 있지 않을까 하는 긍정적 기대감을 가질 수 있다. 이런 부동산 가치 상승에 대한 기대감은 현재의 배당수익률이 전통적 부동산들보다 낮을지언정 배당의 성장률을 높게 판단할 수 있게 되면서 매각차익에 대한 기대감도 커지며 자연스럽게 총수익률이 더 높을 수도 있다는 판단을 하게 되고 적극적으로 주식을 매입하게 되는 것이다.

대체투자의 경우 요구수익률을 맞추는 투자상품에 투자하곤 한다. 그러나 요구수익률을 맞추는 것만이 투자의 모든 것은 아니다. 상장 리츠는 상장을 했기 때문에 주식시장의 특성도 절반은 가져가게 되는데, 주식시장의 특성은 미래를 반영하는 것이기 때문에 현재 실현 중인 배당수익률만 보고 평가하지 않으며 미래의 가치 변화, 업황 변화, 규제의 변화, 수급의 변화 등 판단할 수 있는 모든 것을 고민하면서 주가가 형성된다. 핵심은 결국 해당 '부동산의 가치 변화'가 되며, 이는 배당을 고려한 자산가격의 상승까지 감안한 '총수익률'인 것이다.

만약 리츠 투자를 하는데 배당수익률만 고민한다면 이 책에서 언급하는 가장 높은 성과를 보인 글로벌 성장 리츠들을 찾아내지 못한다. 반대로 총수익률 관점에서 리츠를 분석한다면 배당수익률이 낮음에도 불구하고, 자본환원율이 낮음에도 불구하고 주가 성과가 압도적으로 우수한 리츠들을 찾을 수 있다. 금융시장의 반짝이는 별과 같은 4차 산업 리츠들을 찾아내게 될 것이다. 그것이 이 책을 쓴 이유이다.

아파트 투자와 비교한 리츠 투자의 장단점-1

일반적으로 부동산 가운데 아파트는 시세차익이 목표이거나 주택을 양도했을 때 시세차익이 나는 경우가 일반적이었다. 반면 상가나 오피스텔의 경우에는 높은 시세차익은 없으나 보유 기간 월세 등 임차료를 통한 현금흐름을 확보할 수 있다. 이에 아파트는 차익형 부동산, 상가나 오피스텔은 수익형 부동산이라고 받아들여진다.

일반 1~2층 상가나 오피스텔이 개인들에게 어필하는 시기는 개인에게 은퇴가 임박한 시점인 경우가 많다. 은퇴 후 현금흐름이 크게 감소할 것이라는 부담으로 퇴직금을 뭉텅이로 오피스텔 투자에 활용하는 사람들도 적지 않다. 반면 아파트의 경우는 결혼을 하고 가정을 꾸리고 아이를 낳고 학교를 보내는 기간, 즉 3040대 전후로 아파트에 대한 수요가 급증하는 것을 쉽게 볼 수 있다.

이처럼 같은 부동산이라 하더라도 차익형이냐 수익형이냐는 투자의 목적에 맞춰 얼마든지 다르게 투자할 수 있음을 의미한다. 실제로는 100% 차익형 혹은 100% 수익형 부동산이라는 것은 없으며, 현실의 부동산은 그 사이 어딘가에 존재하는 법이다. 다만 빌딩이 대형화되는 상업용 빌딩이나 업무용 빌딩 등으로 갈수록 점차 차익형보다는 수익 중심으로 부동산의 가치를 평가하게 되며, 아파트와 같이 거래 사례 비교를 통한 시세를 메기기도 어려워진다. 입지나 연면적, 임차인의 구성 등이 다 다른 건축물들을 어떻게 유사 사례 비교로 평가할 수 있을까? 무엇보다 가격 측면에서 너무나 큰 금액이라는 점에서 투자하기도 어려운 대상이 된다.

상가·업무용 오피스와 같은 상업용 빌딩을 개인이 직접 투자하기란 쉽지 않다. 일부 연예인이나 스포츠 스타 혹은 입지전적 인물들이 수백억 원대 상업용 빌딩을 사기는 하지만, 그들 역시도 70~80% 이상의 대출을 포함해 매입할 정도로 건물 가격이 높다. 이런 개념으로 건물의 소유권이 분할되고 금융상품처럼 유동화되어 시장에서 거래할 수 있도록 하는 장치들이 계속해서 개발되고 있는데 가장 유명한 것이 리츠와 펀드이다.

그 때문에 리츠는 소액으로 투자할 수 있는 장점이 있다. 만약 1000억 원의 시세를 갖는 건축물이 1억 주로 리츠를 통해 분산되었다면 1주당 가격은 1000원일 것이다. 1000원은 그야말로 소액이므로 1주를 사면 1억 분의 1을 갖는 개념이기는 하지만, 그 건축물의 일부를 소유하면서 투자를 할 수 있다는 것은 대단한 일일 것이다.

한편 아파트 투자의 경우에는 이러한 유동화의 개념과 구분소유의 개념이 희박할 수밖에 없다. 통상 아파트는 단독소유이거나 많이 봐줘도 부부간 공동소유인 경우가 일반적이다. 보통 투자 목적으로 아파트에 접근할 때는 기존 아파트를 전세 끼고 매입하는 갭 투자인 경우가 많은데, 이런 갭 투자를 통한 매수는 소유권을 통째로 매수하는 것이라 전혀 소액일 수 없다. 만약 수중의 자본금이 1억 원이라고 한다면 리츠 투자로는 다양한 리츠에 분산투자하거나 국가별로도 분산투자할 수 있으나, 아파트 갭 투자를 한다면 1억 갭 투자가 가능한 아파트를 찾아 그 아파트 소유권 전체를 매수해야 한다는 것이 다르다. 후자의 경우 리스크가 높은데, 그 이유는 하나의 투자처에 투자금이 100% 쏠려 있기 때문이다.

구분소유를 하는 리츠를 통해 다양한 건축물들을 소유할 수 있는 점 역시 가장 커다란 장점 중 하나이다. 본인이 가장 좋아질 것으로 기대되는 건축물을 소유한다는 것, 설령 그것이 해외 부동산이라 하더라도 글로벌 리츠가 활성화된 2020년대 시대는 이러한 공간적 제약도 뛰어넘을 수 있다. 그 때문에 한국의 부동산, 더 좁게는 한국 아파트 투자, 또 소유권은 전체 소유권이라는 제약을 넘어 글로벌 부동산, 또 성장산업의 부동산, 소유권은 구분소유라는 장점을 갖는 리츠를 적극적으로 알아볼 시점이다.

아파트 투자와 비교한
리츠 투자의 장단점-2

부동산을 소유하면 세금이 곧바로 따라온다. 부동산은 취득 시에 취득세를 내고, 보유 중에는 보유세를 내며, 보유 기간 중 벌어들인 소득에 대해서는 소득세를 내고, 부동산을 처분할 때는 양도세를 내는, 그야말로 생애주기 전체에 걸쳐 세금을 달고 사는 존재이다.

취득할 때

그 때문에 부동산 투자에서 세금은 '세후 수익률'을 결정하는 가장 큰 요소이고, 앞으로도 그렇게 될 수밖에 없다. 우리가 급여를 받을 때 세전과 세후가 차이가 있듯이 만약 소득세가 50%로 폭증한다면 우리의 급여가 확 줄어드는 것과 마찬가지로 부동산의 세금 역시 세후 수익률 관점에서 평가되어야만 한다.

먼저 취득세를 보자. 국내의 경우 부동산을 취득하면 4%의 취득세를 낸다. 취득가액 기준이다. 가령 5억 원 시세의 부동산 취득 시 4%인 2000만 원을 내는 식이다. 그런데 여기서 끝이 아니라 4%의 세금에 추가로 0.4%(4%의 10%에 해당)인 지방소득세가 더해지고, 추가로 0.2%p의 농어촌특별세가 달라붙는다. 그래서 국내에서 토지나 건물 등을 취득하면 4.6%의 취득세를 낸다. 오피스텔 취득 시 4억 원의 오피스텔을 매수했다면 취득 시 1840만 원의 취득세를 낸다.

그런데 주택의 경우에는 특례로 취득세를 할인해준다. 시세 6억 원 이하인 경우 취득세율 4%가 아니라 1%, 6~9억 원은 1.01~2.99%, 9억 원 초과는 3%이다. 주택의 취득세에도 10%인 지방소득세가 따라가며, 0.2%p의 농어촌특별세는 전용면적 85㎡를 초과하는 경우에만 붙는다. 그래서 34평형 7억 원의 부동산은 2.2%의 취득세를 내지만, 46평 10억 원의 주택은 3.5%의 취득세를 낸다. 다만 주택의 경우 그간 취득세 감면 규정 등 취득세 특례 조항을 받아왔으나, 2020년 1월부터 4주택 이상을 취득하는 경우의 다주택자들에게는 면적 및 가액 무관 취득세는 4.6%가 된다. 이는 다주택자들의 갭 투자 방지 정책으로 도입되었다. 지방 미분양 분양권을 대거 매입한 투자자들은 향후 등기 시점에서 상당한 취득세를 내게 될 가능성이 높아진 셈이다. 그리고 이러한 기조를 볼 때 점진적으로 투자 목적의 주택 구입인 경우 취득세 특례가 점차 축소되거나 사라질 개연성이 높아졌다.

한편 대부분의 나라에서 리츠가 부동산을 매입할 때 취득세 감면 규정이 적용된다. 한국은 아직은 4.6%의 취득세를 내고 있으나 공모 리츠 활성화 기조에 따라 감면 정책이 도입될 것으로 기대된다. 개인들이 해당 상장 리츠 주식을 매수할 때는 타 주식을 매수하는 것과 같아서 취득세를 내지 않는다.

보유할 때

리츠를 보유하는 것과 아파트를 보유하는 것은 차이가 크다. 설명도 복잡하므로 최대한 단순히 알려드리고자 한다. 핵심은 리츠의 보유세가 개인 대비 확실히 유리하다는 점이다. 왜냐하면 재산세 감면 규정이 존재하기 때문이다. 특히 많은 부동산 가운데 아파트의 경우에는 토지·건물을 분리하지 않고 단일 주체로 보아 공시가격이 제시되며 그 공시가격을 기준으로 재산세·종부세를 과세하지만, 비주거용 건축물은 토지와 건물을 분리해서 재산세를 과세하며, 건물 부문의 경우 원칙적으로 종부세를 계산하지 않는다. 또 공모 리츠의 경우에는 토지 부문의 종부세도 분리과세여서 내지 않는다. 즉 종부세 면역인 셈이다.

이러한 점은 투자수익률에도 상당한 영향을 미치게 되어 있다. 현행 종부세율이 총자산가액 기준으로 0.2% 수준(20bp)이라고 볼 때 자본환원율 2%인 부동산이라고 한다면 종부세를 내느냐 마느냐의 차이는 2%냐 1.8%냐의 차이이며, 이는 전체 순익의 10% 이상을 좌우하는 차이이다.

아파트를 다수 보유하는 경우 보유세는 0.4~0.6% 수준까지 오르며, 이는 자본환원율을 거의 20~30% 정도 변화시킬 만큼의 큰 보유세이기 때문에 공모 리츠가 제공하는 재산세·종부세 혜택은 수익률에 현저한 변화를 갖고 온다.

현 정부의 부동산 정책 기조 가운데 주택의 보유세는 점차 강화하는 측면에 있으며, 다주택자의 경우 보유세 상승률이 200~300%에 이를 정도로 폭발적 상승을 보이고 있으므로 보유세는 향후 투자에서 가장 중요한 세금 중 하나가 될 전망이다.

리츠에 투자하는 개인들은 이런 계산을 할 필요조차 없다는 것이 장점이다. 리츠 본체가 종부세를 내지 않으며, 재산세도 개인 대비 세율이 낮아서다. 또 계산 방식도 달라 비주거용 건물의 경우 전반적으로 보유세 실효세율이 주택 대비 낮다는 점에서 이미 앞서나간다. 그런데 개인이 리츠 주식을 보유했다면 내야 할 보유세가 없으므로 이보다 더 편할 수는 없다.

처분할 때

2020년 초 방영한 〈PD수첩〉의 '연예인과 갓물주' 편을 보면, 유명 연예인들이 법인을 설립하고 대출을 건물가액의 80% 수준으로 받아 초고가 부동산을 손쉽게 사는 장면이 나온다. 또 취득세 절감을 위해 용인 등 수도권 과밀억제권역 외 지역에 법인을 설립해 취득세를 절감하는 절세라거나, 법인을 활용한 매수·매도를 통해 양도소득세의 중과가 아니라 법인세율을 내는 절세 팁 등도 나온다.

이처럼 개인들이 부동산 처분 시에 내야 하는 세금과 법인이 내야 할 세금의 체계가 다르다. 리츠는 상법상 주식회사에 해당하므로 리츠의 부동산 양도 시 세금 역시 법인과 계산 방식이 같다.

개인의 경우 1주택이라면 주택 양도 시 갖가지 혜택을 받을 수 있다. 2년 이상 거주했다면 9억 원 비과세와 3년 이상 보유라면 장기보유특별공제 혜택을 받는다. 이런 혜택들을 통해 1주택자의 양도소득세 실효세율은 통상적으로 10%를 넘지 않는 경우가 일반적이고, 9억 원 이하로 매도했다면 0원이 되기도 한다.

법인의 경우 1주택이든 100주택이든 주택의 양도 시 소득인 양도소득세를 내지 않고, 이 모든 세금을 법인 결산 시점에 법인세로 낸다. 연 1회 내는 개념이다. 그리고 법인세율은 통상 20%이므로 지방소득세를 더한 22% 정도를 소득세로 낸다. 이렇게 보면 1주택자 대비 법인이 세금을 많이 내는 것처럼 보인다.

관건은 2주택자 이상부터다. 2주택 이상인 다주택자는 조정 지역에서 주택 양도 시 양도소득세 중과세율을 내며 비과세 혜택이나 공제 혜택을 받을 수 없다. 다주택자가 아닌 임대 사업자(자가거주 1주택을 제외한 모든 소유 주택을 임대 사업 물량으로 등록한 사업주)의 경우라면 임대 사업 후 주택 매각 시 공제 혜택을 받을 수 있지만, 임대 사업자가 아닌 다주택자의 경우에는 공제 혜택도 없고 양도소득세도 중과되어 최대 양도세율 68.2%라는 놀라운 수준의 세금을 낸다. 가령 양도차익이 5억 원이라면 68.2%에 해당하는 금액(누진공제는 적용된다)이 세금이라는 의미다.

다주택자의 양도소득세 중과는 2017년 8·2 부동산 대책에서 다시 적용하기 시작한 부분인데, 이후 임대 사업자 등록 시 완화 혜택이나 법인 설립 등을 통한 회피로 다주택자 양도소득세 중과 부담에 대한 개인들의 대응도 치밀했다. 다만 제도적 차이로 인해 2주택 이상부터는 법인이 확실히 유리해진다. 많은 개인들이 2018년부터 법인을 대거 설립해온 이유도 여기에 있다. 앞서 언급한 〈PD수첩〉의 연예인들이 법인을 설립하고 건물을 양도하는 것 역시 양도세 절세 목적이 가장 큰 이유 중 하나이다.

리츠의 경우 법인처럼 양도소득세를 내지 않는다. 아울러 본체인 리츠는 배당가능이익 90% 이상을 배당할 시 법인세를 면제받으며, 대부분 이 조건에 부합하게 배당을 한다. 리츠 본체가 법인세를 내지 않는 개념이다. 물론 배당을 수령한 개인들은 이러한 배당들이 배당소득으로 잡혀 배당소득세를 내거나 혹은 2000만 원 이상의 배당인 경우에는 종합소득세를 낸다. 정부가 2019년 9·11 리츠 활성화 대책을 발표하면서 투자원금 5000만 원 이내의 금액이 리츠에 투자될 시 배당소득에 대한 세율을 14%가 아니라 9%로 분리과세 할 것을 발표한 바 있지만 그 금액 차이가 크지는 않아서 실효성은 다소 떨어지는 부분이 적지 않다.

해외 리츠에 투자하는 경우 배당이나 매각이익에 대해 15.4%로 원천징수가 된다. 향후 종합소득 등으로 포함되는 경우가 있다고 하더라도 국내 다주택자의 세율보다는 낮다.

리츠 활성화라는
정부 정책에 편승하라

미국 시장에는 "연준에 맞서지 말라"라는 격언이 있다. 연준이 의도하는 대로 시장이 변하기 때문에 연준과 반대 포지션을 잡지 말라는 격언이다. 실제 연준은 금융시장에서 가히 적수가 없을 정도의 파급력이 있어서 이런 말이 나올 만한 것 같다.

우리나라 부동산 시장에도 연준만큼은 아닐지언정 "정부에 맞서지 말라"라는 말이 있다. 그러나 이 말은 지난 10여 년간 철저히 잊혀왔다. "시장을 이기는 정부는 없다"라는 정반대 의미의 말이 더욱 사람들에게 회자돼왔다.

이런 말들이 회자된다는 것 자체가 정부가 그만큼 시장의 중요한 플레이어이기 때문이다. 가계-기업-정부의 세 가지 주체 중에서 정부가 할 수 있는 권한은 사실 매우 크다. 정부는 부동산 공급의 기반이라 할 택지 공급부터 시작해서 각 도시권이나 개발 지역을 연결하는 교통망의 확충, 교통노선의 설계, 나아가 업무시설-주거시설-공업시설-문교시설 등의 배치, 또 각종 건설·건축과 관련된 인허가와 설계 기준 등 눈에 잘 보이지 않지만 부동산의 인프라 전체에 관여하고 있다.

이렇듯 매번 그런 것은 아니지만, 정부의 정책에 편승하는 것은 투자에서 상당한 기회가 될 수 있다. 그리고 정부 정책에 편승하는 방안 중 하나는 공모 상장 리츠이다. 정부는 2019년 하반기부터 리츠 분야, 특히 공모 시장에 상장된 리츠 시장의 성장을 위해 이 분야에 특별한 지원을 아끼지 않고 있으며 앞으로도 지속해서 그럴 가능성이 높아 보인다.

먼저 투자를 해야 할 리츠가 많아질수록 투자처가 많아지고 좋은 상품에 투자할 기회가 늘어날 수 있기 때문에 리츠의 설립을 촉진하기 위해 관련 기준을 완화하고 있다. 또 공급자 중심인 리츠 모법(부동산 투자회사법)을 수요자 중심으로 재편하는 과정에 있다는 점도 리츠 관련법 20년 이상의 역사에서 가장 큰 변화 중 하나이다.

우리나라에는 리츠가 없는 게 아니라 260개가 넘는 리츠가 존재하지만 이들 리츠에 투자했다는 개인을 찾아보기 힘든 것은 이 리츠가 개인이 소액투자를 할 수 있는 공모 리츠가 아니라 기관이 큰돈을 투자하는 사모 리츠 중심으로 되어 있기 때문이라는 점이 특징이다. 사모 중심인 것은 사모 리츠 형태로 집중된 법령 때문이었으나 앞으로는 공모 리츠 중심으로의 변화가 핵심이 될 것이다.

정부는 2019년 9·11 정책에서 보여주듯이 공모 리츠에만 세제 혜택 등을 부여함으로써 실물 부동산을 사모 리츠가 사는 게 아니라 공모 리츠를 만들어 샀을 때 더 큰 혜택을 주면서 공모 리츠를 활성화하는 내용의 계획을 발표했고, 지속해서 규제 개선, 인센티브 제공 등을 약속하고 있다.

이런 제도로 인해 앞으로 만들어지는 리츠들도 지난 20년간 사모 리츠 중심으로 만들어지던 것과 달리 공모 리츠 중심으로 만들어지고 있다. 이미 정부 정책 발표가 있던 2019년에만 롯데리츠, NH프라임리츠 등 공모 리츠 2개가 상장을 했고, 2020년에도 10개 이상의 리츠가 지속 상장을 기획하고 있다.

2020년대에는 공모 리츠가 많아지고 개인들의 투자 대상으로 리츠가 꼽히는 미래가 올 것이다. 결국 투자자들은 늘어나는 선택지 속에서 해당 리츠가 좋은 리츠임을 알아야 하는데 핵심은 좋은 부동산을 산 것인지 아닌지를 판단할 수 있어야 한다는 것이다. 그런 의미에서 이 책의 5장 '4차 산업 리츠에 투자할 때 기억해야 할 리스크들' 부분을 여러 번 읽어보기 바란다. 이 책이 개인들에게 리츠 투자의 기초뿐 아니라 현재 가장 고속 성장하고 있는 글로벌 4차 산업 리츠를 설명하고 있다는 점에서 향후 국내 리츠들이 연달아 상장할 때 어떤 리츠들에 투자하고 어떤 리츠들을 배제해야 할지에 대한 기준도 제시할 수 있지 않을까 싶다. 성장하는 부동산들로 분야를 압축해서 투자 대상으로 삼는 노력을 기울일 때다.

7장

•

지금 당장 투자해야 할
4차 산업 리츠 BEST 10

아메리칸타워 (AMT)

창립자 이야기: 은행원에서 통신 인프라 사업자로

아메리칸타워의 전신은 아메리칸라디오시스템즈ARS: American Radio
Systems Corporation라는 미국 방송·라디오 전문 회사다. ARS의 창업자인
스티븐 브루스 도지Steven B. Dodge는 1967년 예일대학교 영문학과를 졸
업한 뒤 곧바로 4년간 미 해군으로 복무했는데, 군 전역 이후에는 은행
원이었던 어머니의 영향을 받아 1971년 보스턴은행Bank of Boston(2004년

뱅크오브아메리카Bank of America에 인수)에 취직했다. 보스턴은행 재직 당시 그는 상업용 대출 전문 인력 양성 프로그램에 합류했는데, 당시 은행의 임원이었던 윌리엄 브라운William L. Brown으로부터 신성장 산업이었던 미국 케이블 TV 산업을 전문적으로 연구하도록 제안 받았다.

스티븐 브루스 도지

이후 은행에서 근무하는 동안 다양한 케이블 방송 관계자들을 만났고, 점차 케이블 산업에 매력을 느낀 그는 1978년 퇴사를 결심하고 아메리칸케이블시스템즈코퍼레이션ACS: American Cable Systems Corporation이라는 케이블 설치 업체를 설립한다. ACS는 매사추세츠, 뉴욕, 플로리다, 캘리포니아 등 지역에서 케이블 프랜차이즈 건설 및 운영 사업을 했는데 케이블 비즈니스가 성공하며 1987년 10월 ACS는 컨티넨탈케이블비전Continental Cablevision에 기업가치 7억 2300만 달러에 매각된다.

이후 도지는 ACS에서 함께 근무하던 직원들과 팀을 꾸려 1988년 2월 아틀란틱벤처스Atlantic Ventures라는 투자회사를 차려 보스턴, 로체스터, 뉴욕 등지에서 차례로 라디오 방송국을 인수했다. 1993년 아틀란틱벤처스는 중소형 방송사 2개 업체를 인수함으로써 사명을 아메리칸라디오시스템즈ARS로 변경했고, 1995년 6월 기업가치 7040만 달러로 주식시장에 상장했다. ARS는 상장 당시 미국 8개 시장에서 24개의 방송국을 보유한 중대형 라디오 방송사였다. 1995년 ARS의 방송 사업을 운영하던 도중 도지는 일부 무선통신 사업자들이 ARS가 소유한 셀타워에 관심을 보이는 것을 목격했고, 이를 계기로 같은 해 7월 통신 셀타워를 전문적으로 건설하고 소유하는 회사로 아메리칸타워시스템즈American Tower Systems Inc.를 설립해 ARS의 자회사로 둔다. 아메리칸타워시스템즈는 1998년 6월 사명을 현재의 아메리칸타워코퍼레이션American Tower Corporation으로 변경하고 ARS에서 분리됨과 동시에 뉴욕거래소에 독립 법인으로 상장한다. ARS는 같은 해 CBS코퍼레이션에 매각되었으며 당시 ARS 주주들은 주당 44달러와 아메리칸타워 주식 1주를 받는다.

도지는 이후 7년 동안 아메리칸타워의 CEO로서 적극적인 타워 인수·개발 전략을 펼쳤고 2004년 공식적으로 은퇴한다. 은퇴 당시 아메리칸타워가 보유한 셀타워의 개수는 1만 5000개에 달했는데, 이는 설립 당시 3200개의 약 5배에 달했다. 특히 1999년에는 멕시코에서 3000개가 넘는 셀타워를 인수하며 멕시코 최대 타워 운영 업체로도 거듭났다. 은퇴 이후 도지는 윈도버Windover라는 부동산 개발회사를 창업했으며 2019년 1월 플로리다 주의 보니타 스프링스Bonita Springs에서 교통사고로 사망할 때까지 활발한 사업 활동을 이어갔다.

기업 개요

아메리칸타워AMT는 1998년 미국 라디오 방송사 아메리칸라디오시스템즈로부터 분리 상장한 글로벌 최대 통신 인프라 전문 리츠이다. 시가총액은 1117억 달러(약 130조 원)로 글로벌 주식형 리츠 중 유일하게

100조 이상의 가치를 인정받고 있다. 2020년 3월 말 기준 전 세계 19개 국가에서 약 18만 개의 통신 셀타워를 임대하고 있으며, 이 중 약 20%에 해당하는 4만 개는 미국에서 임대하고 있다. 나머지 13만 개는 인도와 북아프리카, 남미와 같은 신흥국에 주로 분포되어 있다. 주요 임차인은 AT&T, 버라이즌, T모바일과 같은 미국 대형 통신사와 영국 보다폰, 스페인 텔레포니카, 인도의 지오Jio와 같은 글로벌 통신사이다. 연간

기업 정보 요약

Key Data	
국가	미국
상장 거래소	뉴욕거래소
설립연도	1995년
CEO	James D. Taiclet Jr.
투자 부동산	통신 인프라
홈페이지	www. americantower. com
시가총액 (십억 USD)	111.7
시가총액(조 원)	138.7
52주 최고/최저 (USD)	260.43/174.32
주요주주 지분율(%)	
뱅가드그룹	13.18
블랙록	7. 24
블룸버그 목표가 (USD)	263.35
최근 종가(USD)	252.01

주가 상승률	1M	6M	12M
절대	(2.5)	13.5	20.2
상대	(6.4)	18.6	14.3

주: 2020년 5월 27일 종가 기준

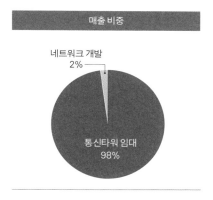

매출 비중

네트워크 개발 2%

통신타워 임대 98%

주가 추이

— S&P500 대비 상대지수(좌)
— 아메리칸타워 주가(우)

연도별 매출 구성 및 향후 매출액 전망

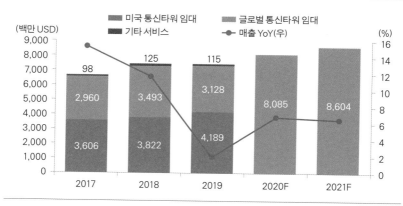

자료: American Tower International, Bloomberg, 하나금융투자

전체 임대 매출에서 미국 통신 3사가 차지하는 비중은 50%에 달한다. 2019년 연간 매출액은 78억 달러(약 9조 3000억 원)를 기록했으며, 이는 단일 리츠로는 글로벌 최대 규모이다.

비즈니스 모델

아메리칸타워의 비즈니스 모델은 중립형 통신 인프라 사업자로서 리스 계약을 통해 통신사들에게 통신 인프라, 즉 통신타워를 임대해주는 것이다. 현재 미국 내 설치된 15만 4000여 개의 통신타워 중 4만 개를 보유 및 임대하고 있어 미국 내 점유율 26%로 1위를 차지하고 있다. 향후 통신사들의 인프라 투자에 따라 개수는 지속 증가가 가능해 보인다. 2000년대 초반 이후 기존에 통신사들이 자가 보유하고 있던 통신타워

미국 리츠로 4차 산업 건물주가 되라

를 인수해가는 형태로 사업을 확장해왔으며, 중립형 임대 사업자는 서로 경쟁 구도에 있는 여러 통신사의 통신장비를 하나의 타워에 동시에 부착할 수 있다는 것을 경제적 이점으로 활용했다.

본문에서 설명한 바와 같이 여러 개의 통신사가 타워에 임차할 수 있는 구조인 만큼 통신타워 하나에 대한 이익 대비 비용이 통신사들이 직접 보유·운영하는 것보다 훨씬 줄어든다. 회사 측 공시 자료에 따르면 통신사가 타워를 직접 보유하지 않고 임대할 경우 타워 1대당 연간 약 20만 달러의 비용 절감 효과가 있는 것으로 보인다. 통신타워의 연간 임대료 상승률은 미국 기준 3%로 고정되어 있으며, 계약 기간 또한 최초 10년 이상에서 이후 특별한 이슈가 없다면 자동 재계약되는 구조이다. 미국과 신흥국에서 새로운 통신타워를 인수 혹은 개발해 외형 성장을 지속하고 있다.

투자 부동산의 종류와 특징: 통신타워

통신타워cell tower는 말 그대로 통신 및 네트워크 인프라의 기본이 되는 부동산으로 크게 타워 부지와 타워 기둥, 타워 가동에 필요한 발전시설, 통신장비 등으로 구성되어 있다. 일반적으로 타워의 기둥과 타워 부지(토지), 발전시설은 아메리칸타워와 같은 임대 사업자의 소유이며 타워 쉘터나 안테나와 같은 통신장비는 통신사의 소유인 것이 일반적이다. 타워 기둥의 높이는 15m에서 최대 60m까지 다양하며 타워의 높이가 더 높을수록 더 많은 통신장비들이 부착될 수 있기 때문에 특정 타워의 장

자료: 하나금융투자, https://bit.ly/3bL869q

비 수요가 늘어나는 경우 타워 길이를 높이는 형태로 증축을 한다.

땅속에 묻혀 있는 광섬유 케이블은 타워 기둥 내부 공간을 통해 상단에 부착된 통신 안테나로 연결되는데, 이렇게 수신받은 네트워크를 통신 안테나가 휴대폰과 같은 무선장비에 무선으로 공급한다. 통신타워는 네트워크의 커버리지(무선통신 전파 반경)를 제공하는 측면에서 중요한 인프라의 역할을 하는데, 미국 5G에서는 2.5GHz 이상의 중대역 밴드가 커버리지를 제공하는 주요 대역폭이 될 전망이다. 통신타워는 사물인터넷이나 자율주행과 같은 4차 산업 시대에서 없어서는 안 될 부동산이며, 통신사들의 지속적인 투자가 이루어지는 만큼 대표적인 성장형 부동산에 속한다.

투자 포인트 요약

(1) 5G 통신 인프라의 높은 장기 성장성

5G 상용화 서비스가 처음 시작된 2019년 미국의 5G 채택률은 디바이스 기준 1%에 불과했다. 미국 통신사들의 5G 투자가 본격적으로 나타나는 2020년에도 미국 내 5G 채택률은 불과 4~5%를 웃돌 전망이다. 다만 미국 전체 네트워크 수요에서 5G가 차지하는 비중은 2025년 50%에 달할 전망인데, 이러한 전망은 2020년 초 미국 3, 4위 통신사인 T모바일과 스프린트가 합병할 때 미국 연방법원에서 합병의 주요 조건으로 5G 커버리지 확대를 제시하며 추가적인 힘을 얻게 되었다. 대형 통신사들은 2020년 하반기부터 5G의 핵심 대역폭인 중대역 밴드 경매 참여와 함께 통신 인프라 투자를 확대할 예정이며, 중립형 통신 인프라에 대한 수요는 장기적으로 증가할 전망이다.

(2) 상장 리츠 중 가장 높은 배당 성장률

아메리칸타워는 미국 리츠 중에서도 가장 높은 연 20%의 주당배당금 성장률을 기록하고 있다. 아메리칸타워의 2019년 FFO 배당성향(배당금/FFO)이 48%에 불과하기 때문인데, 미국 리츠의 FFO 배당성향이 평균적으로 80%에 달하는 만큼 AMT의 높은 배당 성장은 당분간 꾸준히 나타날 가능성이 높다. 성장형 리츠의 기업가치 상승이 배당금과 배당 재원의 성장률과 높은 상관관계를 보이는 만큼 높은 배당 성장성은 장기적으로 기업가치의 상승으로 이어질 것이 기대된다.

아메리칸타워 재무제표

손익계산서 (단위: 백만 USD)	2017	2018	2019	2020F	2021F
매출액	6,664	7,440	7,580	8,085	8,604
영업비용	4,666	5,535	4,892	5,147	5,432
유무형상각비	1,716	2,111	1,778	1,938	1,996
판매관리비	637	733	730	816	859
임대운영 및 기타비용	2,313	2,691	2,383	2,392	2,577
영업이익	1,998	1,905	2,688	2,937	3,170
이자손익	(703)	(771)	(767)	(800)	(802)
세전이익	1,256	1,155	1,916	2,039	2,380
법인세(환입)	31	(110)	(0)	141	179
지배순이익	1,239	1,236	1,888	1,886	2,190
부동산감가비	1,517	1,915	1,579	1,742	1,960
부동산매각손실	244	480	140	8	0
FFO	2,697	3,209	3,492	3,437	3,762
주식보상비	109	138	111	144	129
비부동산 감가비	199	196	200	219	227
무형상각비	27	19	28	28	29
반복 CAPEX	(114)	(150)	(160)	(149)	(162)
AFFO	2,755	3,190	3,456	3,702	4,149
배당금	1,131	1,395	1,684	2,036	2,487

성장률(YoY, %)

	2017	2018	2019	2020F	2021F
매출액	15.2	11.6	1.9	6.6	6.4
영업이익	7.8	(4.7)	41.1	9.3	7.9
FFO	23.2	19.0	8.8	(1.6)	9.5
AFFO	14.8	15.8	8.3	7.1	12.1

수익성(%)

	2017	2018	2019	2020F	2021F
영업이익률	30.0	25.6	35.5	36.3	36.9
순이익률	18.6	16.6	24.9	23.3	25.5
AFFO Margin	43.5	47.6	46.4	45.3	48.1
AFFO Payout	41.9	43.5	48.2	59.2	66.1

대차대조표 (단위: 백만 USD)	2015	2016	2017	2018	2019
순부동산자산	9,866	10,517	11,101	11,247	12,084
현금성자산	321	787	802	1,209	1,501
매출채권	227	308	514	459	462
영업권	4,092	5,071	5,638	5,502	6,178
기타무형자산	9,838	11,275	11,783	11,174	12,318
자산총계	26,904	30,879	33,214	33,010	42,802
유동성장기부채	50	239	775	2,755	2,928
미지급비용	516	621	854	948	958
장기부채	17,069	18,295	19,430	18,405	21,127
이연법인세부채	106	778	898	536	768
기타장기부채	959	1,143	1,244	1,265	937
부채총계	20,191	22,812	25,260	26,106	36,215
보통주자본금	4	4	4	5	5
자본잉여금	9,691	10,044	10,248	10,381	10,118
기타포괄손익누계액	(1,837)	(1,999)	(1,978)	(2,643)	(2,824)
자사주	(208)	(208)	(974)	(1,207)	(1,226)
누적배당금	(999)	(1,077)	(1,058)	(1,200)	(1,017)
지배지분자본총계	6,652	6,764	6,242	5,336	5,055
부채 및 자본총계	26,904	30,879	33,214	33,010	42,802

자료: American Tower Supplemental, S&P Capital, Bloomberg Consensus, 하나금융투자

미국 리츠로 4차 산업 건물주가 되라

(3) 높은 비즈니스 안정성

AMT의 시가 기준 배당수익률이 다른 리츠 대비 높은 것은 아니지만, 10년 이상의 긴 최초 계약 기간과 연 3%의 임대료 상승률 고정은 기본적으로 안정적인 외형 성장을 가능하게 하고 이러한 비즈니스의 안정성은 안정적인 배당 성장으로 이어질 전망이다. 신규 인수·개발을 통한 외부 성장은 회사의 전략이나 산업의 성장과 높은 상관관계가 있는데, AMT는 안정적인 계약 구조를 바탕으로 미국과 신흥국에 모두 투자하기 때문에 꾸준한 성장이 기대된다.

주가 흐름 및 향후 전망

아메리칸타워는 연 2%대의 배당수익률을 보여온 글로벌 1위 통신 인프라 리츠로 2010년부터 2020년 5월 말 현재까지의 배당재투자를 감안한

아메리칸타워 역사적 주가차트

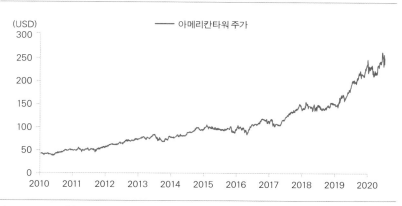

자료: Bloomberg, 하나금융투자

누적 수익률은 579%를 기록 중이다. 과거 10년간의 누적 수익률을 연평균으로 환산할 경우 연 20.2%에 달한다. 이 중 아메리칸타워의 주가 상승을 통해 나타난 수익률은 연 18.5%였으며, 나머지 연 1.7%의 수익률은 아메리칸타워가 분기마다 지급하는 배당을 주식에 재투자했을 시 얻을 수 있는 수익률이었다. 즉 기업가치의 상승으로 나타난 수익률이 낮은 배당수익률을 압도해왔다. 아메리칸타워는 미국 내 4만 개의 통신 셀타워와 인도, 남미, 북아프리카 등에 13만 개 통신 셀타워를 부동산 포트폴리오로 보유하고 있는 초대형 통신 리츠이다. 앞으로 나타날 미국 5G 투자와 신흥국 4G 투자에서 모두 수혜가 나타날 전망이다. 대표적인 성장산업의 부동산을 보유한 아메리칸타워의 기업가치는 장기적으로 상승할 것으로 기대된다.

크라운캐슬인터내셔널 (CCI)

기업 이야기: 크라운캐슬, 향후 5G 시대에서도 주도권 잡을 수 있을까?

1980년대 미국에서 1세대 이동통신 시대가 본격적으로 열릴 수 있었던 것은 1981년 미 연방통신위원회 주도 하에 AT&T와 모토로라Motorola가 1세대(1G) 이동통신 기술 표준에 맞는 셀타워를 설계했기 때문이다(세계 최초는 1978년 5월 바레인에 설치된 셀타워). 당시 모토로라가 설계한 6구역 sector 셀타워가 미국 최초로 시카고에 설치되었는데, 이후 미국 주요 도

셀타워와 스몰셀

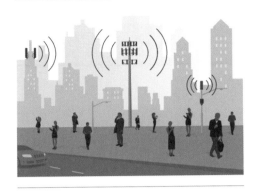

시를 중심으로 빠르게 늘어나 1989년 미국 전역에는 5000개 이상의 셀타워가 운영되었다.

크라운캐슬은 최초의 셀타워가 설립된 1982년으로부터 12년이 지난 1994년 사업가인 테드 밀러Ted B. Miller Jr.와 에드워드 허치슨Edward C. Hutcheson Jr.이 공동으로 투자한 133개의 셀타워를 기초 자산으로 설립되었는데, 당시 투자금액은 1700만 달러(약 200억 원)였다. 크라운캐슬이 세계 최초의 타워 사업자는 아니지만(경쟁사인 SBAC는 1989년에 설립되었다), 설립 4년 뒤인 1998년에는 설립 당시의 10배에 달하는 1400개의 타워를 운영했고 2년 뒤인 2000년에는 운영 타워 수는 무려 1만 개까지 늘어났다. 이처럼 빠른 외형 성장에는 적극적인 타워 인수 전략이 기반이 되었다. 2012년 9월에는 T모바일이 보유하던 셀타워 7000여 개를 28년이라는 임대 기간과 함께 인수하며 당시 운영 타워 개수 기준 1위였던 아메리칸타워를 누르고 타워 수 2만 9000개로 미국 내 1위를 차지한다.

2000년대 중반부터 다른 경쟁자들이 신흥국 셀타워를 인수하는 데 집중했던 반면, 크라운캐슬은 2004년 영국 자회사를 매각한 뒤 줄곧 미국 내 인프라 사업에만 집중했다. 특히 2011년에는 스몰셀 공급 업체

넥스트지네트웍스NextG Networks를 인수하며 7000개의 스몰셀 노드와 4500루트마일의 섬유망을 인수했다. 스몰셀은 크라운캐슬의 핵심 투자 자산 중 하나인데 현재 미국 스몰셀 시장의 약 50%의 점유율(약 5만여 개)을 차지하고 있다.

향후 5G 시대에 크라운캐슬의 통신 인프라 자산이 1980년대 1세대 통신 인프라 투자 시기처럼 5~10배 증가할 수 있을까? 스몰셀은 5G 시대에서 원활한 망 연결을 위한 필수 인프라가 될 것이다. 미 연방통신위원회는 미국 내 스몰셀 개수가 2025년에는 80만 개에 달할 것으로 추정하고 있다. 이는 현재 9만 개의 약 9배에 달한다. 크라운캐슬의 미국 시장점유율이 현재 50%임을 감안한다면 2025년 운영 스몰셀 개수는 현재의 10배 가까이 늘어날 전망이다. 따라서 향후 5G 시대에도 크라운캐슬의 통신 인프라 자산은 크게 증가할 가능성이 높다. 5G 시대 네트워크의 중요성은 3G나 4G LTE 시대와는 차원이 다르게 높아질 것이며, 핵심 통신 인프라를 보유한 기업의 가치는 이와 함께 빠르게 상승할 것이다.

기업 개요

크라운캐슬인터내셔널CCI은 1994년 텍사스 휴스턴에서 설립된 통신 인프라 리츠로 아메리칸타워에 이어 시가총액 기준 글로벌 2위를 기록하고 있는 초대형 리츠이다. 1998년 1400개의 통신타워 포트폴리오를 통해 나스닥에 상장했고, 이후 2001년 뉴욕거래소로 이전 상장했다. 2020년 3월 말 기준 미국에서 약 4만 개의 통신타워를 임대하고 있으며,

주요 통신사들의 5G 투자에 대비해 2015년부터는 통신 인프라 리츠 중 유일하게 스몰셀 투자를 확대해왔다. 사측 컨퍼런스콜에 따르면 2019년 크라운캐슬이 미국 내에서 설치한 스몰셀 노드 개수는 약 1만 개였는데 스몰셀 설치 점유율은 약 50%에 달하는 것으로 파악된다. 주요 임차인은 AT&T, 버라이즌, T모바일과 같은 미국 대형 통신사들이며, 2019년 기준으로 미국 통신 3사가 전체 매출에서 차지하는 비중은 80%에 달한다.

기업 정보 요약

Key Data	
국가	미국
상장 거래소	뉴욕거래소
설립연도	1994년
CEO	Jay A. Brown
투자 부동산	통신 인프라
홈페이지	www.crowncastle.com
시가총액 (십억 USD)	68.0
시가총액(조 원)	84.3
52주 최고/최저 (USD)	168.75/114.18

주요주주 지분율(%)			
뱅가드그룹			13.16
캐피털그룹			10.33
블룸버그 목표가 (USD)			162.43
최근 종가(USD)			163.06
주가 상승률	1M	6M	12M
절대	(2.6)	19.3	24.8
상대	(6.5)	24.4	19.0

주: 2020년 5월 27일 종가 기준

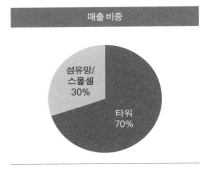

매출 비중

섬유망/스몰셀 30%

타워 70%

주가 추이

— S&P500 대비 상대지수(좌)
— 아메리칸타워 주가(우) (USD)

연도별 매출 구성 및 향후 매출액 전망

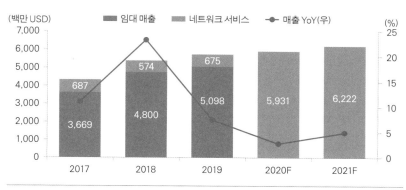

자료: Crown Castle International, Bloomberg, 하나금융투자

비즈니스 모델

크라운캐슬인터내셔널은 앞서 소개한 아메리칸타워와 마찬가지로 미국의 대형 통신 인프라 리츠이다. 미국 내 다른 통신 인프라 리츠들과 달리 미국 내에서만 통신 인프라(통신타워, 스몰셀) 임대 사업을 영위하고 있다. 미국 내 약 4만 개의 통신타워를 보유 및 임대하고 있으며, 타워 시장점유율 기준 아메리칸타워와 1, 2위를 다투고 있다.

크라운캐슬 비즈니스 모델의 차별성은 스몰셀 임대 사업에 있는데, 스몰셀은 가로등이나 전신주에 부착할 수 있는 소형 기지국을 의미한다. 5G 통신에 필요한 고주파 대역의 특성상 전파 도달 거리가 4G보다 짧고 건물 외벽과 같은 장애물을 만났을 때 이를 통과하는 회절성 또한 약하다. 따라서 기존의 통신타워(매크로셀)에서 전파하는 무선 신호를 중간에 받아줄 매개채, 즉 스몰셀이 필요하다. 이와 같은 이유로 향후 통신사들의 스몰셀 투자는 크게 증가할 것으로 보이는데, 크라운캐슬은 이러한 스몰셀 장비를 임대 형태의 비즈니스로 전환한 통신 인프라 리츠이다.

투자 부동산의 종류와 특징: 스몰셀

스몰셀은 통신타워와 마찬가지로 글로벌 무선 네트워크 공급의 기반이 되는 통신 인프라 시설이다. 스몰셀의 종류는 설계 형태에 따라 크게 펨토셀, 피코셀, 마이크로셀 등으로 구분되며, 2011년 이후 4G LTE 도입에 따라 본격적으로 활용되기 시작했다.

일반적으로 통신타워에서 사용되는 매크로셀은 비교적 넓은 영역을 커버하는 반면, 스몰셀은 상대적으로 좁은 영역만을 커버하기 때문에 일종의 소형 기지국 역할을 한다. 스몰셀은 매크로셀보다 크기가 작기 때문에 가로등이나 전신주에도 부착이 가능하며 저출력만으로 운영이 가능해 보다 높은 빈도로 설치할 수 있다. 스몰셀의 핵심 역할은 매크로셀로 커버가 불가능한 네트워크 트래픽을 감당하는 것인데, 특히 1인당 평균 데이터 소모량이 급격하

5G 시대 핵심 통신 인프라가 될 스몰셀

자료: 하나금융투자, https://bit.ly/2MhP8My

게 증가하는 5G 통신망에서 수요가 크게 증가하고 있다. 크라운캐슬의 임대형 스몰셀의 경우 전신주나 가로등에 부착되는 안테나와 지하에 매장되어 있는 통신 섬유 케이블은 중립 사업자의 소유이다. 임차인인 통신사들은 유선 섬유망과 연결이 가능한 곳, 즉 전신주 기둥의 중간 캐비닛cabinet이나 기타 공간에 무선 네트워크 공급을 위한 통신장비를 설치하고 이후 망 사용에 대한 비용을 중립 사업자에게 지불한다.

핵심 투자 포인트 요약

(1) 5G 시대 높은 성장이 나타날 통신 인프라에 투자 중

크라운캐슬은 통신타워와 스몰셀 임대 비즈니스를 모두 영위하는 만큼 5G 상용화와 함께 수혜가 기대되는 대표적인 리츠 종목이다. 통신타워의 경우 미국 대형 통신사들의 5G 인프라 투자와 함께 증가할 전망인데, 타워 임대업 특성상 중립형 사업자가 가지고 있는 경제적 이점이 존재하기 때문에 장기적으로 크라운캐슬의 타워 포트폴리오는 성장할 수밖에 없을 것이다. 스몰셀은 5G 중대역 밴드와 24GHz 이상의 초고주파에서 모두 활용이 가능할 것으로 보이며, 5G 커버리지 대역폭인 중대역 밴드(2.5GHz 이상) 투자 확대와 함께 스몰셀 투자도 크게 증가할 것이 기대된다. 특히 크라운캐슬은 현재 미국 내 스몰셀 설치 물량의 50% 점유율을 보유하고 있는 것으로 파악되어 시장 성장에 대한 수혜가 기대된다.

크라운캐슬 재무제표

손익계산서 (단위: 백만 USD)	2017	2018	2019	2020F	2021F
매출액	4,356	5,374	5,773	5,931	6,222
영업비용	3,310	3,988	4,211	4,117	4,333
유무형상각비	1,242	1,528	1,574		
판매관리비	426	563	614		
임대운영 및 기타비용	1,642	1,897	2,023		
영업이익	1,046	1,386	1,562	1,717	1,906
이자손익	591	637	677		
세전이익	471	644	884		
법인세(환입)	26	19	21		
지배순이익	387	512	750	877	1,021
부동산감가비	1,211	1,472	1,519		
부동산매각손실	17	26	19		
FFO	1,643	2,009	2,288	2,450	2,731
주식보상비	96	108	116		
비부동산감가비	31	56	55		
무형상각	9	7	1		
반복 CAPEX	(85)	(105)	(117)		
AFFO	1,860	2,227	2,376	2,582	2,898
배당금	1,494	1,774	1,915	2,065	2,262

성장률(YoY, %)

	2017	2018	2019	2020F	2021F
매출액	11.1	23.4	7.4	1.1	6.9
영업이익	10.2	32.5	12.7	9.9	11.0
FFO	15.0	25.1	11.3	7.1	11.4
AFFO	15.6	22.2	4.5	8.7	12.2

수익성(%)

	2017	2018	2019	2020F	2021F
영업이익률	24.0	25.8	27.1	28.9	30.6
순이익률	8.9	9.5	13.0	15.0	16.4
AFFO Margin	42.7	42.3	41.2	44.3	46.5
AFFO Payout	81.1	78.4	80.6	80.0	78.1

대차대조표 (단위: 백만 USD)	2015	2016	2017	2018	2019
순부동산자산	9,580	9,805	12,933	13,676	14,689
현금성자산	179	568	314	277	196
매출채권	344	441	484	501	596
영업권	5,514	5,758	10,021	10,078	10,078
기타무형자산	3,780	3,650	5,962	5,516	4,836
자산총계	21,937	22,675	32,229	32,785	38,480
유동성장기부채	106	102	115	107	100
매입채무	160	189	249	313	334
장기부채	12,044	12,069	15,817	16,348	18,021
장기리스	0	0	227	227	5,511
기타장기부채	1,082	1,096	1,472	1,485	2,526
부채총계	14,848	15,118	19,890	20,751	27,982
보통주자본금	3	4	4	4	4
자본잉여금	9,549	10,938	16,844	17,767	17,855
기타포괄손익누계액	(4)	(6)	(4)	(5)	(5)
자사주	0	0	0	0	0
누적배당금	(2,458)	(3,379)	(4,505)	(5,732)	(7,356)
자본총계	7,089	7,557	12,339	12,034	10,498
순부동산자산	9,580	9,805	12,933	13,676	14,689

자료: S&P Capital, Bloomberg Consensus, 하나금융투자

미국 리츠로 4차 산업 건물주가 되라

(2) 동종 업체 대비 높은 배당수익률

크라운캐슬은 성장산업에 소속된 리츠임에도 불구하고 아직까지 상대적으로 높은 배당수익률을 보이고 있다. 시가 기준 2020년 예상 배당수익률은 3.1%로 동종 업체인 아메리칸타워나 SBA커뮤니케이션즈보다 높으며 다른 성장형 리츠와 비교해도 양호한 수준이다. 높은 배당수익률은 리츠의 장기적인 총수익률 관점에서 긍정적이다.

주가 흐름 및 향후 전망

크라운캐슬은 연 2~3%대의 배당수익률을 보여온 글로벌 시가총액 2위 통신 인프라 리츠로 2010년부터 2020년 5월 말 현재까지의 배당재투자를 감안한 누적 수익률은 423%를 기록 중이다. 해당 누적 수익률을 연

크라운캐슬 역사적 주가 차트

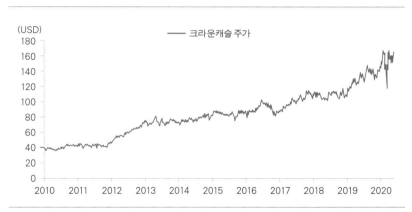

자료: Bloomberg, 하나금융투자

평균으로 환산할 경우 연 17.2%에 달한다. 이 중 크라운캐슬 주가 상승을 통해 나타난 수익률은 연 14.7%였으며, 나머지 연 2.5%의 수익률은 크라운캐슬이 지급하는 배당을 주식에 재투자했을 시 얻을 수 있는 수익률이었다. 크라운캐슬은 미국 내 4만 개의 매크로타워와 7만 개의 스몰셀 노드 및 파이프라인을 가지고 있는 5G 시대에 특화된 리츠이다. 우리가 기대하는 5G 시대의 도래는 먼저 기업들의 통신 인프라 투자가 선행되어야 하며, 이로부터 나타나는 수혜를 가장 잘 누릴 수 있는 것이 바로 크라운캐슬이다. 장기적인 기업가치 상승을 기대해볼 만하다.

프롤로지스
(PLD)

기업 이야기: 글로벌 물류 인프라의 중심이 된 프롤로지스

프롤로지스의 전신은 1983년 하미드 모하담Hamid Moghadam과 더글라스 아베이Douglas Abbey가 공동 창업한 '아베이, 모하담 앤드 컴퍼니Abbey, Moghadam and Company'다. 이 중 창립자인 모하담은 프롤로지스의 기업 성장에 매우 기여도가 큰 인물이다. 모하담은 이란 출생으로 테헤란에서 건설 사업을 하던 부모님 밑에서 부유하게 자랐다. MIT 유학 시절 졸

아베이, 목하담과 벌크(AMB)

업 후 이란으로 돌아가 가업을 이을 예정이었으나 새로 들어선 이란 이슬람 정부가 가족의 재산을 국유화하자 미국에 남는다. 이후 1980년 스탠퍼드대학에서 MBA 학위를 취득했지만 당시 이란에 매우 적대적이었던 미국 기업들은 모하담을 고용하지 않았다. 부동산 투자에 관심이 많았던 그는 스탠퍼드 동문인 더글라스 아베이와 함께 투자회사를 차린다.

1984년에는 로버트 벌크Robert Burke를 영입하며 사명을 AMB로 변경했는데, 당시에는 쇼핑센터와 오피스가 주요 투자 대상이었다. AMB는 1999년부터 성장성이 낮다고 판단된 쇼핑센터 투자를 중단하고 물류센터와 산업용 부동산 투자를 확대했는데, 당시 물류 시장 성장이 높던 해외시장에도 관심을 보였다. 2002년부터는 멕시코와 유럽, 아시아를 중심으로 대규모 투자 확대를 감행했다.

현재의 프롤로지스PROLOGIS는 2011년 AMB와 ProLogis(구 SCI)가 합병하며 탄생했는데 ProLogis는 1999년부터 미국과 유럽에 산업용 부동산에 투자하고 관련 부동산 펀드를 조성하는 회사였다. 합병 당시 양사의 부동산 AUM 가치만 400억 달러(약 50조 원)에 달했다. 합병 이후에는 아시아와 남미 국가에 본격적으로 투자하기 시작했는데 2013년에는 일본 도쿄와 오사카 소재 물류 부동산에 투자했고, 이를 펀드로 조성해

닛폰프롤로지스Nippon Prologis라는 이름으로 도쿄거래소에 상장했다. 닛폰프롤로지스는 현재 시가총액 기준 일본 최대 산업용 리츠가 되었다. 2014년에는 마찬가지로 남미 산업용 부동산에 투자해 조성한 부동산 포트폴리오를 파이브라프롤로지스FIBRA Prologis라는 이름으로 멕시코 거래소에 상장했다.

10여 년간 이어온 적극적인 산업용 부동산 투자의 결과로 프롤로지스는 2020년 1분기 기준 전 세계 19개 국가에 약 4000개에 달하는 산업·물류 시설을 보유한 초대형 부동산 투자회사이자 리츠가 되었다. 이는 미국 2위 물류 리츠인 듀크리얼티Duke Realty(티커명 DRE) 자산 규모의 10배에 달하는 엄청난 규모이다. 프롤로지스는 현재 수많은 고객사를 기반으로 전 세계 물류·산업 인프라 시장을 대변하고 있는데, 이번 코로나19 사태가 물류 시장에 미치는 영향을 가장 생생하게 전달한 것도 프롤로지스였다. 포스트 코로나 시대 변화하는 산업·물류 부동산의 트렌드를 주도할 기업 또한 프롤로지스가 될 것이다.

기업 개요

프롤로지스PLD는 2011년 글로벌 상업용 부동산 투자회사 AMB과 ProLogis(구 SCI)의 합병으로 설립된 글로벌 최대 물류 및 상업용 부동산 리츠이다. 2020년 1분기 말 기준 전 세계 19개국에서 약 4000개에 달하는 다양한 형태의 물류센터를 임대하고 있으며, 고객사 수만 5000개에 달한다. 미국 리츠 전체를 통틀어서도 가장 안정적인 재무구조를 유지하고 있다. 연간 임대 매출의 80%는 미국에서 발생하고 있으며 나머지는 유럽과 아시아, 남미에서 발생하고 있다. 프롤로지스의 글로벌 총 임대면적은 약 2344만 평으로, 이는 축구 경기장 하나의 면적이 약 2200평인 것을 감안하면 축구 경기장 1만 개에 달하는 면적이다. 세계 최대 온라인 유통 업체 아마존은 프롤로지스의 최대 임차인으로 연간 임대수입의 약 6%를 차지하고 있다. 2019년 연간 매출액은 전년 대비

기업 정보 요약

Key Data			
국가	미국		
상장 거래소	뉴욕거래소		
설립연도	2011년		
CEO	Hamid Moghadam		
투자 부동산	물류 인프라		
홈페이지	www.prologis.com		
시가총액 (십억 USD)	67.8		
시가총액(조 원)	84.1		
52주 최고/최저 (USD)	99.787/59.82		
주요주주 지분율(%)			
뱅가드그룹	11.36		
블랙록	8.41		
블룸버그 목표가 (USD)	93.69		
최근 종가(USD)	91.76		
주가 상승률	1M	6M	12M
절대	(2.0)	(2.6)	19.4
상대	(5.9)	2.6	13.5

주: 2020년 5월 27일 종가 기준

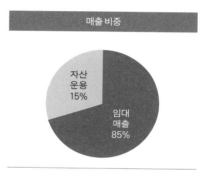

매출 비중

자산운용 15%
임대매출 85%

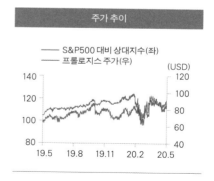

주가 추이

—— S&P500 대비 상대지수(좌)
—— 프롤로지스 주가(우)

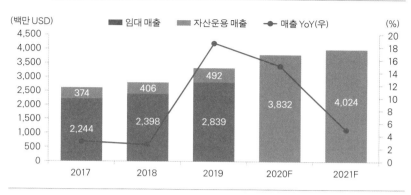

자료: Prologis, Bloomberg, 하나금융투자

19% 증가한 33억 달러(약 4조 1000억 원)를 기록했으며 임대 마진은 74%에 달했다.

비즈니스 모델

프롤로지스의 비즈니스 모델은 제품의 생산부터 소비까지 과정에서 필요한, 이른바 공급사슬에서 필요한 다양한 물류 인프라에 투자하는 것이 핵심이다. 이러한 물류 인프라의 종류로는 국내에서 생산했거나 해외에서 수입한 제품을 보관하는 게이트웨이gateway 물류시설, 주 단위 광범위 유통망에 필요한 멀티-마켓 물류시설, 도시 단위 유통망에 필요한 시티 물류시설, 최종 소비자에게 몇 시간 안에 배송 가능한 라스트 터치 물류시설 등 다양하다.

이 중 라스트 터치는 오프라인 상점이 없는 이커머스 전문 업체들이 주요 고객인 물류시설로 최근 이커머스 수요 증가와 함께 특히나 높은 임대 수요가 나타나고 있다. 프롤로지스는 임차인들에게 임차 공간과 더불어 물류관리 서비스, 재고자산 트래킹과 같은 기본적인 물류 서비스를 제공하는데 자체적으로 물류관리에 필요한 전문 인력을 보유하고 있다. 해외 자산의 경우 단독 투자보다는 투자자를 모집해 공동 투자하는 경우가 많은데, 이렇게 투자한 자산들을 부동산 펀드 형태로 운용하며 운용 매출 또한 발생시키고 있다.

투자 부동산의 종류와 특징: 물류 인프라

앞서 언급했듯이 물류 인프라는 생산·수입 제품 재고관리에 필요한 게이트웨이 물류시설, 광범위 유통망에 필요한 멀티–마켓 물류시설, 도시 단위 유통망에 필요한 시티 물류시설, 최종 소비자 콘택트에 필요한 라스트 터치 물류시설 등으로 구분된다. 미국의 게이트웨이급 물류센터의 경우 수출입에 필요한 무역품의 유통 채널이 되어야 하기 때문에 항만 접근성이 높은 미 동서부 물류 허브(캘리포니아, 뉴저지, 뉴욕, 플로리다 등)에 주로 분포되어 있다.

이 밖에 멀티–마켓급, 시티급, 라스트 터치 물류시설은 내륙과 연안 지역에 고루 분포되어 있다. 이커머스 수요 증가에 가장 민감한 물류시설은 라스트 터치 시설로 규모 면에서는 가장 작지만 오프라인 판매 채널이 없는 이커머스 전문 업체들의 수요가 가장 크게 나타나는 시설이다. 이커머스 전문 업체들은 소비자 주문 이후 단시간 내 배송을 위해

프롤로지스 물류센터 전경

자료: Prologis, 하나금융투자

최종 소비자와 가까운 위치에 재고를 축적할 필요가 있는데, 미국은 도심 내 소형 유통시설 확보가 용이하지 않는 경우가 대부분이기 때문에 임대형 물류시설에 대한 수요는 꾸준히 증가하고 있다.

핵심 투자 포인트 요약

(1) 언택트 시대 이커머스 수요의 증가

프롤로지스의 물류센터 포트폴리오는 유사한 비즈니스를 영위하는 동종 업체들과 비교했을 때 규모 면에서만 5배가 넘어 늘어나는 이커머스 수요에 가장 효과적으로 대응할 수 있을 것으로 보인다. 특히 코로나19 바이러스의 확산으로 미국과 유럽을 중심으로 다양한 제품에 대한 이커머스 수요가 크게 증가하고 있는데, 이는 최종 소비자와 근접한 거리에 있는 물류시설에 대한 수요가 크게 증가할 수 있음을 의미하고 있다. 또한 이러한 언택트 소비는 단기에 끝나는 것이 아니라 장기적 추세가 될 가능성이 높기에 현재는 물류 인프라의 투자 매력이 돋보이는 시점이다.

(2) 꾸준한 인수·개발을 통한 외형 성장

2020년 2월 미국 3위 물류 리츠 리버티프로퍼티가 보유하고 있던 500여 개 물류센터를 인수하며 사우스 캘리포니아, 휴스턴, 레하이-밸리 지역 포트폴리오를 확대했다. 해당 인수 효과로 2020년 1분기 임대 매출은 전년 대비 26% 가까이 상승했다. 이 밖에도 유럽과 아시아를 중심으로 30개 이상의 신규 개발 프로젝트를 진행 중이며, 최근에는 상하이를 비롯한 중국 물류 허브에도 투자를 아끼지 않고 있다. 일부 비우량 자산을 매각 후 신규 투자 재원으로 활용하는 포트폴리오 리밸런싱 전략을 사용하기 때문에 장기적으로 꾸준히 성장할 수 있는 구조이다.

(3) 강력한 재무 안정성

부채 규제의 제한이 없는 미국 리츠 특성상 신용등급이 평균적으로 BB-~BBB등급에 분포하는데 프롤로지스의 S&P 신용등급은 A-로 미국 리츠 최상위 수준의 건전성을 보이고 있다. 부채비율 또한 미국 상장 리츠 평균 90~100% 대비 낮은 43%에 불과해 장기적으로 레버리지를 활용한 투자가 가능하다. 높은 유동성을 바탕으로 유럽과 아시아 시장 투자 또한 확대 중이기에 안정적인 외형 성장이 기대된다.

미국 리츠로 4차 산업 건물주가 되라

프롤로지스 재무제표

손익계산서 (단위: 백만 USD)						대차대조표 (단위: 백만 USD)					
	2017	2018	2019	2020F	2021F		2015	2016	2017	2018	2019
매출액	2,735	2,804	3,331	3,832	4,024	순부동산자산	24,341	23,464	21,889	29,930	29,787
영업비용	1,847	1,957	2,339	2,728	2,856	현금성자산	264	807	447	344	1,089
유무형상각비	879	947	1,140	1,356	1,422	매출채권	90	111	85	107	86
판매관리비	231	239	267	298	322	기타무형자산	706	596	532	813	734
부동산운용비/기타	570	601	734	892	919	기타장기자산	4,848	4,319	5,591	5,869	6,358
영업이익	888	847	992	1,110	1,173	자산총계	31,395	30,250	29,481	38,418	40,032
이자손익	288	244	264			미지급법인세	81	69	57	60	66
부동산매각차익	1,197	856	882			매입채무	713	556	703	761	705
세전이익	1,816	1,886	1,776			장기부채	11,627	10,608	9,413	11,090	11,906
법인세	55	63	75			기타단기부채	2	1	32	21	66
지배순이익	1,642	1,643	1,567	1,407	1,608	기타장기부채	401	405	448	489	554
부동산감가비	848	913	1,102			부채총계	12,974	11,792	10,775	12,617	13,960
기타투자손실(이익)	(855)	(371)	(390)			보통주자본금	5	5	5	6	6
FFO	1,551	1,789	2,164	2,687	2,803	자본잉여금	19,302	19,455	19,363	25,686	25,719
주식보상비	77	76	98			기타포괄손익누계액	(791)	(937)	(902)	(1,085)	(990)
개발부동산조정	328	470	468			누적배당금	(3,926)	(3,610)	(2,904)	(2,378)	(2,151)
반복 CAPEX	(84)	(90)	(135)			비지배지분	3,753	3,467	3,075	3,503	3,419
AFFO	1,597	1,993	2,276	2,281	2,362	자본총계	18,421	18,458	18,706	25,801	26,072
배당금	972	1,133	1,388	1,519	1,598						

성장률(YoY, %)

	2017	2018	2019	2020F	2021F
매출액	2.9	2.5	18.8	15.1	5.0
영업이익	12.1	(4.6)	17.1	11.9	5.7
FFO	10.8	15.3	21.0	24.2	4.3
AFFO	13.7	24.8	14.2	0.2	3.6

수익성(%)

	2017	2018	2019	2020F	2021F
영업이익률	32.5	30.2	29.8	29.0	29.0
순이익률	60.0	58.6	47.1	36.7	40.0
Core FFO Margin	56.7	63.8	65.0	70.1	69.7
Core FFO Payout	60.8	62.8	62.2	56.7	57.2

자료: S&P Capital, Bloomberg Consensus, 하나금융투자

주가 흐름 및 향후 전망

프롤로지스는 연 3~4%대의 배당수익률을 보여온 글로벌 최대 물류 인프라 리츠로 2010년부터 2020년 5월 말 현재까지의 배당재투자를 감안한 누적 수익률은 410%를 기록하고 있다. 누적 수익률을 연평균으로 환산할 경우 연 16.8%에 달한다. 이 중 주가 상승을 통한 수익률은 연 13.1%였으며, 나머지 연 3.7%의 수익률은 프롤로지스가 지급하는 배당을 주식에 재투자했을 시 얻을 수 있는 수익률이었다. 프롤로지스는 단연코 글로벌 최대 물류 인프라 사업자이다. 4000개가 넘는 물류 인프라와 5000개가 넘는 고객사들이 만들어내는 글로벌 물류 데이터는 매일 프롤로지스 비즈니스 연구소Prologis Business Insights로 흘러들어 가고 있다. 이는 프롤로지스가 장기적으로 코로나19 이후 이커머스 수요의 증가와 같은 글로벌 물류 업황 변화에 빠르게 적응할 수 있는 토대를 마련한

프롤로지스 역사적 주가 차트

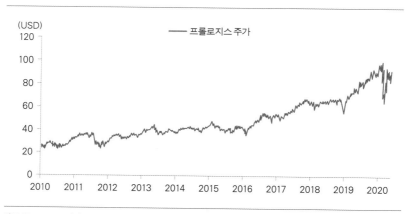

자료: Bloomberg, 하나금융투자

다. 글로벌 물류 시장과 함께 성장할 프롤로지스의 장기 기업가치 상승이 기대된다.

에퀴닉스
(EQIX)

기업 이야기: 평등, 중립, 교환

에퀴닉스Equnix의 사명은 영어 'Equality, Neutrality and Internet Exchange' 의 각 단어를 부분 조합해 만들었는데, 이는 인터넷에서의 평등과 중립, 교환을 뜻한다. 에퀴닉스는 1998년 컴퓨터 제조 업체 디지털이큅먼트 코퍼레이션DEC: Digital Equipment Corporation의 매니저였던 제이 에델슨Jay Adelson과 에이 에이버리Ai Avery가 공동으로 설립한 중립 인터넷데이터센터IDC 사업자이다. 이들은 1990년대 창립 당시부터 상호 경쟁적인 네트워크들을 서로 연결하고 공유할 수 있는 인터넷의 중립자 역할을 추구했다. 당시에는 네트워크 서비스 공급사NSP: Network Service Provider(주로 통신사나 케이블 업체)들

이 1:1 연결을 통해 인터넷을 구성하던 것이 일반적이었다.

에퀴닉스는 인터넷 교환Internet Exchange 서비스를 통해 중립 사업자로 NSP들이 구축하고 있던 경쟁 네트워크를 서로 연결하는 것을 비즈니스 핵심으로 두었다. 2004년에는 AT&T와 스프린트, 소니와 같은 대형 NSP와의 계약 체결을 통해 인터넷 중개 범위를 넓혔는데, 이를 기반으로 운영 데이터센터도 설립 당시 2개에서 15개까지 늘렸다. 2000년대 중반부터는 해외 데이터센터 투자와 고객사 확보에 중점을 두었다. 2007년 유럽의 데이터 중개 사업자 'IX Europe'을 인수하며 프랑스, 독일, 네덜란드, 영국에서 사업을 확대했고 2011년부터는 남미와 중동으로 사업 영역을 확대했다. 2010년대 중반부터 아마존웹서비스나 마이크로소프트와 같은 초대형 클라우드 서비스 공급사CSP: Cloud Service Provider들의 데이터센터 수요가 크게 증가하자 2014년에는 상호 경쟁적 클라우드를 연결하는 '클라우드 익스체인지 서비스'를 시작했다. 2017년에는 자체 브랜드인 '에퀴닉스 클라우드 익스체인지 패브릭Equinix Cloud Exchange Fabric™'을 출범하면서 4차 산업 시대 본격적인 클라우드 중개와 연결의 막을 올렸다.

현재 클라우드를 이용한 상호 연결은 연 40% 가까이 증가하고 있다. 지금보다 훨씬 많은 데이터가 쏟아지게 될 4차 산업 시대에서도 데이터의 평등, 중립, 교환을 추구하는 에퀴닉스의 행보가 기대된다.

기업 개요

에퀴닉스는EQIX는 1998년에 설립된 글로벌 최대 데이터센터 리츠로, 설

기업 정보 요약

Key Data	
국가	미국
상장 거래소	나스닥
설립연도	1988년
CEO	Charles J. Mayers
투자 부동산	데이터센터
홈페이지	www.equinix.com
시가총액 (십억 USD)	59.8
시가총액(조 원)	74.2
52주 최고/최저 (USD)	715.8/471.7

주요주주 지분율(%)			
뱅가드그룹			13.09
블랙록			7.66
블룸버그 목표가 (USD)			716.95
최근 종가(USD)			675.54
주가 상승률	1M	6M	12M
절대	(6.3)	16.4	32.5
상대	(10.2)	21.6	26.7

주: 2020년 5월 27일 종가 기준

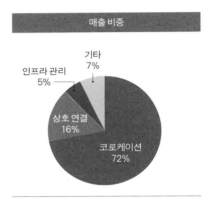

매출 비중

기타 7%
인프라 관리 5%
상호 연결 16%
코로케이션 72%

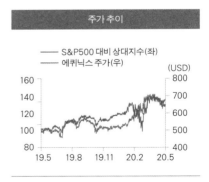

주가 추이

— S&P500 대비 상대지수(좌)
— 에퀴닉스 주가(우)

연도별 매출 구성 및 향후 매출액 전망

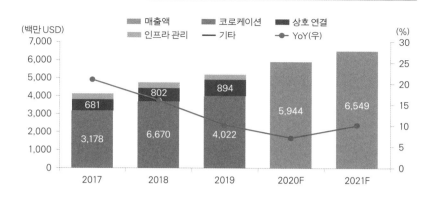

자료: Equinix, Bloomberg, 하나금융투자

립 초기에는 중립형 데이터 연결을 핵심 사업으로 영위하던 중소형 데이터 연결 서비스 업체였다. 이후 네트워크 서비스 공급사들과의 비즈니스 관계 확대와 인터넷데이터센터 투자를 통해 빠르게 성장했다. 2015년에는 미 국세청IRS의 인가를 통해 리츠로 전환되었다. 현재는 전 세계 50개 이상의 데이터센터 시장에서 200개가 넘는 자체 데이터센터 IBX를 운영 중이다. 연간 매출액의 45%가 미국 내에서 발생하고 있으며 나머지 30%는 유럽에서 발생한다. 아시아 지역 매출 비중은 20% 정도이다. 주요 고객사는 아마존웹서비스, 마이크로소프트, 구글과 같은 클라우드 서비스 공급사들과 각국의 네트워크 서비스 공급사들로 이들이 연간 임대수입(코로케이션)에서 차지하는 비중은 약 50%에 달한다. 최근에는 클라우드를 중개하는 새로운 비즈니스를 확대 중이며, 해당 사업은 연 40%의 속도로 성장하고 있다.

비즈니스 모델

에퀴닉스의 가장 전통적인 사업인 코로케이션은 데이터센터 내에서 서버 캐비닛 단위 임대를 통해 전문적인 서버 관리를 필요로 하는 다양한 업체들에게 서버 공간을 임대하는 것이다. 물론 여기에는 단순 공간 임대뿐만이 아닌 임차인 서버의 안정적인 운영에 필요한 전력 공급, 네트워크 공급, 보안 유지와 같은 관리 서비스가 포함되어 있다. 다만 최근의 비즈니스 모델은 전통적인 코로케이션 비즈니스를 넘어선 다양한 상호 연결 서비스에 중점을 두고 있는데, 임차인은 에퀴닉스가 제공하는 클라우드 및 네트워크 형태의 상호 연결 서비스를 통해 전 세계 각지에 있는 고객사, 공급사, 해외 법인 등과 데이터를 연결할 수 있다. 특히 에퀴닉스 자체만의 데이터센터를 통해 데이터를 연결하는 만큼 높은 호환성을 가지며 핵심 임차인들인 클라우드 서비스 공급사들의 연결 서비스를 활용해 비교적 낮은 비용으로 저지연 데이터 연결 서비스를 제공한다.

투자 부동산의 종류와 특징: 중립형 데이터센터와 클라우드 데이터센터

서버 임대에 사용되는 중립형 데이터센터는 기본적으로 단일 통신사만을 사용하는 통신사 데이터센터나 기업 데이터센터와는 달리 여러 통신사를 통해 네트워크를 공급한다는 특징이 있다. 이 경우 임차인은 데이터센터 내에서 다양한 네트워크를 선택할 수 있을 뿐만 아니라 통신사 경쟁을 유도해 네트워크 비용을 줄이는 효과를 누릴 수 있다. 이와 같은 장점은 중립형 데이터센터라면 모두 기본적으로 적용돼왔다. 다만 최근 몇 년간 클라우드 컴퓨팅의 발전으로 전통적인 데이터센터는 클라우드 컴퓨팅, 특히 아마존이나 마이크로소프트와 같은 대형 클라우드 서비스 공급사가 제공하는 IaaS와의 경쟁에 직면하게 되었다.

이러한 변화에 따라 에퀴닉스의 데이터센터는 클라우드와 공생이 가능한 형태로 진화해왔는데, 간단히 설명하면 데이터센터와 클라우드가 상호 보완(데이터 백업, 보안 등)의 관계를 형성했다고 볼 수 있다. 특히 에퀴닉스는 아마존웹서비스, 마이크로소프트, 구글 등 클라우드 서비스 공급사들과의 '플랫폼 파트너' 계약을 맺고 기존의 IBX 임차인들에게 관련 클라우드 서비스를 활용할 수 있도록 했다. 이와 같이 최근 글로벌

글로벌 클라우드 연결의 중심이 될 에퀴닉스

자료: Equinix, 하나금융투자

데이터센터 시장은 클라우드 서비스 혼용이 가능한 하이브리드 형태의 데이터센터가 주류로 자리 잡고 있다.

핵심 투자 포인트 요약

(1) 언택트 시대 미디어 콘텐츠의 발달과 글로벌 데이터 트래픽의 증가

2020년 1분기 넷플릭스의 글로벌 가입자 순증은 무려 1577만 명을 기록했는데, 이는 기존에 회사 측에서 제시한 전망치 700만 명을 2배 이상 상회한 숫자였다. 코로나19로 밖에 나가지 못하는 소비자들이 집 안에서 미디어 콘텐츠를 소비하면서 나타난 결과였다. 최근 코로나19 확산과 함께 미국과 유럽에서는 기존 데이터 인프라가 넷플릭스나 유튜브에서 발생하는 데이터 트래픽을 따라가지 못하는 현상이 나타나고 있는데, 이는 전 세계적으로 지속되고 있는 미디어 콘텐츠 소비 증가가 글로벌 데이터 트래픽의 가파른 증가를 불러일으키고 있기 때문이다. 장기적으로는 VR/AR 미디어와 같은 대용량 미디어의 소비가 다양한 기기(사물인터넷)에서 나타날 수 있는 만큼 글로벌 미디어 업체들의 데이터 인프라 수요는 지속 상승할 것이다.

(2) 클라우드 혼합 환경으로부터 나타날 성장

에퀴닉스의 데이터센터 내부에는 아마존웹서비스, 마이크로소프트 애저Azure와 같은 대형 클라우드 서비스 공급사들이 전체 임차인 중에서 높은 비중을 차지하고 있다. 이들은 에퀴닉스 데이터센터 내에 자사의

에퀴닉스 재무제표

손익계산서 (단위: 백만 USD)						대차대조표 (단위: 백만 USD)					
	2017	2018	2019	2020F	2021F		2015	2016	2017	2018	2019
매출액	4,368	5,072	5,562	5,944	6,549	순부동산자산	5,606	7,199	9,395	11,026	13,628
영업비용	3,559	4,094	4,393	4,813	5,272	현금성자산	2,229	748	1,413	606	1,870
유무형상각비	1,029	1,227	1,285	1,381	1,520	매출채권	292	396	576	640	689
판매관리비	1,328	1,460	1,586	1,769	1,932	영업권	1,063	2,986	4,412	4,836	4,782
부동산운용비/기타	1,203	1,407	1,521	1,662	1,820	기타장기자산	119	161	168	278	581
영업이익	809	977	1,170	1,131	1,277	자산총계	10,357	12,608	18,691	20,245	23,966
이자손익	(466)	(507)	(452)	(423)	(427)	유동성장기부채	916	68	64	374	721
세전이익	287	433	693	706	850	유동성장기리스	40	101	79	78	221
법인세	54	68	185	142	170	장기부채	4,277	5,180	8,317	9,439	9,599
지배순이익	233	365	507	565	680	장기리스	1,287	1,411	1,620	1,441	2,747
부동산감가비	754	883	845	913	1,005	기타단기부채	227	194	286	227	455
부동산매각손실(이익)	5	5	(39)	3	0	부채총계	7,611	8,243	11,842	13,025	15,125
FFO	992	1,253	1,315	1,482	1,688	보통주자본금	0	0	0	0	0
주식보상비	176	181	237	331	365	자본잉여금	4,838	7,414	10,121	10,751	12,696
비부동산감가비	111	141	243	265	291	이익잉여금	(108)	19	253	890	1,391
무형상각비	168	203	196	202	223	자사주	(7)	(148)	(146)	(145)	(144)
반복 CAPEX	(168)	(203)	(186)	(153)	(229)	누적초과배당금	(1,468)	(1,970)	(2,593)	(3,331)	(4,168)
AFFO	1,437	1,659	1,931	2,130	2,323	지배지분자본총계	2,745	4,366	6,850	7,219	8,841
배당금	620	731	833	922	1,009	부채 및 자본총계	10,357	12,608	18,691	20,245	23,966

성장률(YoY, %)

	2017	2018	2019	2020F	2021F
매출액	20.9	16.1	9.7	6.9	10.2
영업이익	30.8	20.8	19.7	(3.3)	12.9
FFO	36.9	26.3	4.9	12.8	13.9
AFFO	33.3	15.5	16.4	10.3	9.1

수익성(%)

	2017	2018	2019	2020F	2021F
영업이익률	18.5	19.3	21.0	19.0	19.5
순이익률	5.3	7.2	9.1	9.5	10.4
AFFO Margin	29.9	32.9	32.7	34.7	35.8
AFFO Payout	43.2	44.5	43.3	43.3	43.4

자료: S&P Capital, Bloomberg Consensus, 하나금융투자

클라우드 전용회선을 설치함으로써 기존 에퀴닉스 데이터센터에 임차하고 있는 기업들을 고객으로 유치할 수 있다. 반대로 에퀴닉스는 전용회선을 이용한 고품질 클라우드 서비스를 필요로 하는 기업들을 고객으로 자사 데이터센터 내에 유치할 수 있다. 이러한 구조는 클라우드와 데이터센터가 공생 가능한 것을 의미하고 있으며, 장기적으로도 꾸준한 성장이 기대되는 비즈니스 모델이다.

(3) 상호 연결의 확장성

에퀴닉스의 상호 연결 서비스는 말 그대로 무한한 잠재력을 가지고 있다. 에퀴닉스가 임대하는 중립형 데이터센터들은 고객사들의 네트워크·데이터 연결 지연latency을 해결해주는 일종의 '데이터 교환점'의 역할을 한다. 이는 글로벌 데이터센터 운영 업체 중에서도 독자적인 네트워크·데이터 인프라 자원을 보유한 에퀴닉스만의 강점이다. 특히 상호 연결 비즈니스는 클라우드 서비스 공급사나 네트워크 서비스 공급사와의 파트너 관계가 중요한데(제공할 수 있는 서비스의 종류가 많아지고 품질 또한 높아진다), 에퀴닉스는 이들과 전략적 협력 관계를 유지하고 있다는 점에서 장기적으로 비즈니스의 확장성이 높다.

주가 흐름 및 향후 전망

에퀴닉스는 연 2%대의 배당수익률을 보여온 글로벌 최대 데이터센터 리츠로 2010년부터 2020년 5월 말 현재까지 배당재투자를 감안한 누적

에퀴닉스 역사적 주가 차트

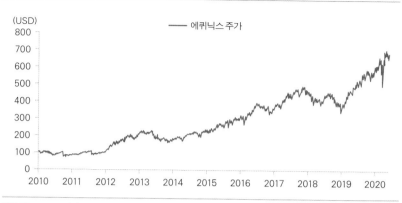

자료: Bloomberg, 하나금융투자

수익률은 672%를 기록하고 있다. 이는 성장형 리츠들 중에서도 가장 높은 누적 수익률이다. 연평균 환산수익률은 21.7%에 달한다. 지난 10년간 기록한 연 21.7%의 수익률 중 주가 상승을 통한 수익률은 연 19.5%였으며, 나머지 연 2.2%의 수익률은 에퀴닉스가 지급하는 배당을 주식에 재투자했을 시 얻을 수 있는 수익률이었다. 에퀴닉스는 글로벌 중립형 데이터센터 운영 업체 중에서도 가장 혁신적인 기업이다. 2020년 초기준으로 전 세계 1만 개 이상의 기업 콘텐츠·데이터가 에퀴닉스 데이터센터를 거쳐 가고 있으며, 4차 산업 시대 글로벌 데이터 트래픽의 가파른 증가는 에퀴닉스의 기업가치 상승으로 이어질 것이다.

디지털리얼티트러스트 (DLR)

 DIGITAL REALTY

산업 이야기: 클라우드의 시대, 데이터센터의 역할은 무엇일까?

2010년대 초반 클라우드 컴퓨팅의 등장과 함께 기존 데이터센터들에 대한 수요는 크게 감소하는 듯했다. 기업들은 대대적인 서버 투자를 하지 않고도 클라우드 서비스 공급사들이 공급하는 서비스를 구독함으로써 기존 서버보다 뛰어난 성능의 저장, 네트워크, 컴퓨팅 기능을 간단히 얻을 수 있었다. 특히 번거롭게 물리적인 서버를 관리하거나 관련 인력을

디지털리얼티의 코로케이션 데이터센터

고용할 필요가 없다는 것은 기업 입장에서 큰 메리트로 작용했다. 최대 글로벌 미디어 콘텐츠 기업인 넷플릭스는 2008년 8월부터 무려 7년에 걸쳐 자체 데이터센터를 아마존웹서비스가 제공하는 클라우드로 모두 이전했다. 넷플릭스가 이와 같은 결단을 내린 것은 데이터센터 손상으로 3일 동안 미디어 스트리밍이 중단되는 현상을 겪은 뒤였다. 넷플릭스는 클라우드 마이그레이션migration 이후 미디어 스트리밍의 안정성이 올라 갔고 비용 또한 절감할 수 있었다고 말했다.

이처럼 기존 물리 서버에 대한 수요 감소는 디지털리얼티와 같은 글로벌 인터넷데이터센터IDC 운영 업체들에게 위기가 되는 듯했다. 그러나 위기가 곧 기회라고 했던가. 범세계적인 클라우드 전환 현상은 클라우드 서비스 사업자(이하 CSP)들의 물리적인 서버 투자 확대로 이어졌고, 이는 다시 IDC 수요 증가로 이어졌다. 실제로 글로벌 데이터센터 투자 중

CSP들이 차지하는 비중은 2014년 15%에 불과했지만 2019년에는 33%로 3분의 1을 차지했다. 특히 글로벌 주요 거점에 IDC를 보유하고 있는 대형 IDC 운영 업체들은 CSP들이 원활한 클라우드 환경을 제공하기 위한 인프라 역할을 했다.

2017년부터 등장한 클라우드 연결 서비스는 IDC들로 하여금 이런 클라우드 인프라 역할에 더욱 집중할 수 있도록 했다. CSP들은 자체 데이터센터나 중립형 IDC 내부에 클라우드 전용회선을 설치함으로써 IDC 고객사들이 매우 빠르고 안정적인 환경에서 클라우드 서비스를 누릴 수 있도록 했다. 이는 기존의 공공 인터넷을 통해 클라우드 서비스를 이용하는 것에 비해 클라우드 품질 측면에서 차이가 컸다. 디지털리얼티는 CSP를 위해 맞춤형 데이터센터를 개발 및 운영하는 홀세일 사업을 핵심으로 하는데 대형 CSP들의 홀세일 데이터센터 수요는 매우 견조하다고 말한다. 4차 산업 시대의 핵심이 되는 클라우드 컴퓨팅은 더 이상 데이터센터와 경쟁이 아닌 공생 관계에 접어들었다. 클라우드 수요의 증가는 곧 데이터센터 수요의 증가이며, 이는 디지털리얼티 보유 부동산 풀pool의 가치 상승으로 이어질 것이다. 4차 산업 시대에는 클라우드 컴퓨팅과 데이터센터의 동반 성장을 기대해볼 만하다.

기업 개요

디지털리얼티트러스트DLR는 2004년에 프라이빗에쿼티 GI파트너스가 인수한 21개의 데이터센터를 기초 자산으로 설립되었다. 현재는 글로벌 전역 2000개 이상의 고객사를 대상으로 260개가 넘는 임대형 데이터센터를 운영 중이다. 데이터센터는 미국에 가장 많은 147개를 가지고 있으며, 최근에는 유럽에도 자산 인수를 통해 70개 이상의 데이터센터를 운영 중이다. 디지털리얼티의 데이터센터는 대형 IT 업체를 주요 고객으로 하는 홀세일 코로케이션 비즈니스가 핵심이다. 홀세일 데이터센터 사업은 클라우드 서비스 공급사와 같은 대형 고객의 요구에 따라 맞춤형 데

기업 정보 요약

Key Data	
국가	미국
상장 거래소	뉴욕거래소
설립연도	2004년
CEO	A. William Stein
투자 부동산	데이터센터
홈페이지	www.digitalrealty.com
시가총액 (십억 USD)	38.6
시가총액(조 원)	47.9
52주 최고/최저 (USD)	158.36/105.00
주요주주 지분율(%)	
캐피털그룹	13.24
뱅가드그룹	13.18
블룸버그 목표가 (USD)	145.94
최근 종가(USD)	139.32

주가 상승률	1M	6M	12M
절대	(10.3)	14.1	15.3
상대	(14.2)	19.3	9.4

주: 2020년 5월 27일 종가 기준

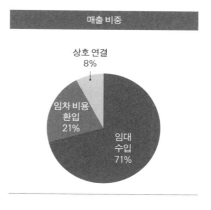

매출 비중

상호 연결 8%
임차 비용 환입 21%
임대 수입 71%

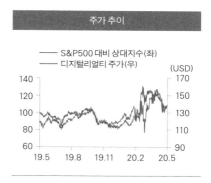

주가 추이

— S&P500 대비 상대지수(좌)
— 디지털리얼티 주가(우)

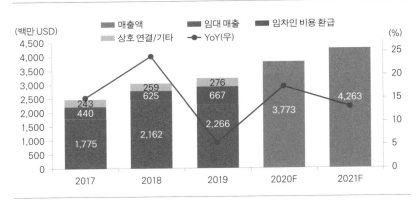

자료: Digital Realty Trust, 하나금융투자

이터센터를 개발 및 운영하는 사업이다. 상위 임차인은 페이스북, IBM, 오라클과 같은 IT·클라우드 업체이며 연간 임대수입의 약 30%가 클라우드 서비스 공급사로부터 발생하고 있다.

비즈니스 모델

디지털리얼티트러스트의 비즈니스 모델은 리테일 코로케이션(소규모 임차)과 홀세일 코로케이션(대규모 임차)의 비중이 각각 50%씩을 차지하고 있다. 리테일 코로케이션은 데이터센터 내에서 서버 캐비닛 단위 임대를 통해 전문적인 서버 관리를 필요로 하는 다양한 업체들에게 서버 공간을 제공해주는 것이며, 홀세일 코로케이션은 페이스북이나 IBM과 같은 대형 임차인에게 맞춤형 데이터센터를 임대하는 것이다. 디지털리얼티 또한 내부 임차인들을 대상으로 상호 연결 서비스를 제공하고 있는데,

글로벌 전역에 있는 데이터센터를 네트워크 허브로 활용하고 있다. 임차인들은 디지털리얼티가 제공하는 네트워크나 클라우드 환경을 활용해 저지연·저비용의 데이터 연결 서비스를 이용할 수 있다. 최근에는 아마존웹서비스, 구글, IBM, 오라클과 같은 주력 클라우드 서비스 공급사와 파트너 체결을 통해 임차인에게 IaaS 클라우드 환경을 제공하고 있다.

투자 부동산의 종류와 특징: 인프라 역할에 충실한 데이터센터

디지털리얼티의 데이터센터는 기본적으로 통신사 중립형 데이터센터이다. 따라서 다양한 통신사가 제공하는 네트워크 환경을 임차인들에게 제공할 수 있으며, 보다 저렴한 가격으로 네트워크 망 공급이 가능하다.

2020년 4월 7일 오픈한 디지털리얼티의 싱가포르 S1N12

자료: Digital Realty Trust, 하나금융투자

또한 임차인의 30%가 클라우드 서비스 공급사인 만큼 서버와 클라우드를 혼용하는 '하이브리드' 환경을 제공하고 있는데, 이는 최근 늘어나는 클라우드 수요에서 큰 장점으로 작용하고 있다.

디지털리얼티는 자체 데이터센터를 에쿼닉스처럼 각종 서비스 플랫폼으로 활용하기보다는 말 그대로 인프라 자체에 집중하고 있다. 글로벌 성장 리츠 중 가장 많은 260개에 달하는 데이터센터를 보유하고 있는데 이를 바탕으로 AT&T, IBM, 에쿼닉스, 사익스테라Cyxtera와 같은 네트워크 서비스 업체들에게 데이터센터를 임대하고 있다. 또한 에쿼닉스와 달리 자사 데이터센터의 90% 이상이 자체 소유owned이다. 최근 데이터센터 시장은 미국보다는 유럽과 아시아에서 크게 성장하고 있는데, 디지털리얼티는 2020년 초 유럽 데이터센터 업체 인터시온Interxion을 인수하기도 했다.

핵심 투자 포인트 요약

(1) 규모의 데이터 경제

디지털리얼티는 글로벌 중립·임대형 데이터센터 사업자 중 가장 많은 260개의 데이터센터를 가지고 있다. 특히 최근 데이터센터 성장 시장인 유럽과 아시아에서의 투자 확대를 통해 가파르게 늘어나는 데이터 트래픽을 흡수하고 있다. 디지털리얼티는 기존에 영국 런던과 맨체스터를 중심으로 유럽 데이터센터를 운영 중이었는데, 2020년 초 유럽 중심 데이터센터 업체 인터시온을 인수 완료하며 스톡홀름, 암스테르담, 파리, 프랑크푸르트, 마드리드 등 유럽 주요 도시에 데이터센터 포트폴리오를 확

디지털리얼티트러스트 재무제표

손익계산서 (단위: 백만 USD)					
	2017	2018	2019	2020F	2021F
매출액	2,458	3,046	3,209	3,773	4,263
영업비용	2,007	2,497	2,615	3,085	3,457
유무형상각비	842	1,187	1,164	1,158	1,222
판매관리비	157	160	208		
부동산운영비	392	480	515		
영업이익	451	550	594	688	805
이자손익	(255)	(318)	(287)	(339)	(372)
세전이익	264	343	611	357	600
법인세	8	2	12		
지배순이익	173	250	493	334	410
부동산감가비	830	1,174	1,149	1,297	1,433
부동산매각손실(이익)	(40)	(80)	(268)		
FFO	1,098	1,418	1,453	1,506	1,675
주식보상비	18	25	35		
비부동산감가비	12	13	15		
무형상각비	14	16	16		
반복 CAPEX	(136)	(132)	(181)		
AFFO	983	1,303	1,295	1,358	1,531
배당금	665	868	944	1,035	1,144

성장률(YoY, %)

	2017	2018	2019	2020F	2021F
매출액	14.7	23.9	5.3	17.6	13.0
영업이익	(9.2)	21.8	8.1	15.8	17.0
FFO	25.4	29.1	2.4	3.7	11.2
AFFO	21.3	32.5	(0.6)	4.9	12.7

수익성(%)

	2017	2018	2019	2020F	2021F
영업이익률	18.4	18.0	18.5	18.2	18.9
순이익률	7.0	8.2	15.4	8.9	9.6
AFFO Margin	40.0	42.8	40.4	36.0	35.9
AFFO Payout	67.7	66.7	72.9	76.2	74.8

대차대조표 (단위: 백만 USD)					
	2015	2016	2017	2018	2019
순부동산자산	8,664	8,890	13,678	14,742	14,712
현금성자산	57	11	0	127	90
매출채권	581	616	706	763	784
영업권	331	753	3,390	4,348	3,363
기타무형자산	1,188	1,291	2,852	2,942	1,978
자산총계	11,416	12,193	21,404	23,767	23,068
매입채무	607	817	800	787	670
장기부채	5,899	5,840	8,649	11,101	10,122
장기리스	0	0	0	202	777
기타단기부채	272	321	435	444	463
기타장기부채	101	82	249	200	149
우선주	1,048	1,290	1,013	1,250	1,250
부채총계	6,880	7,060	10,301	12,893	12,419
보통주자본금	1	2	2	2	2
자본잉여금	4,655	5,764	11,261	11,356	11,577
기타포괄손익누계액	(97)	(136)	(108)	(116)	(88)
누적초과배당금	(1,350)	(1,547)	(2,056)	(2,633)	(3,047)
자본총계	4,537	5,132	11,103	10,874	10,650

자료: S&P Capital, Bloomberg Consensus, 하나금융투자

대했다. 데이터센터 특성상 많은 지역에 분포할수록 임차인들의 다양한 수요를 만족시킬 수 있기 때문에 규모의 경제 효과를 기대할 수 있다.

(2) 클라우드 하이브리드 데이터센터

아마존웹서비스, 구글, IBM, 오라클과 파트너 체결을 통해 임차인들에게 다양한 클라우드 환경을 제공한다. 전통적인 서버 중심의 데이터센터는 클라우드와의 경쟁이 가속화되며 점차 도태되어가고 있지만, 클라우드와 서버의 장점을 모두 살린 하이브리드 데이터센터의 수요는 꾸준히 늘어나고 있다. 최근 미디어 콘텐츠의 발전으로 글로벌 데이터 트래픽은 연 40% 이상 가파르게 증가하고 있는데, 이러한 트래픽은 서버 네트워크와 클라우드 모두를 이용하게 된다. 따라서 두 가지 환경이 공존하는 클라우드 데이터센터 시장은 장기적으로 크게 성장할 것으로 보인다.

주가 흐름과 향후 전망

디지털리얼티는 연 4%대의 배당수익률을 보여온 대형 데이터센터 리츠로 2010년부터 2020년 5월 말 현재까지 배당재투자를 감안한 누적 수익률은 328%를 기록하고 있다. 디지털리얼티의 지난 10년 누적 수익률을 연평균으로 환산하면 연 15%에 해당한다. 지난 10년간 기록한 연 15%의 수익률 중 주가 상승을 통한 수익률은 연 10.3%였으며, 나머지 연 4.7%의 수익률은 디지털리얼티가 지급하는 배당을 주식에 재투자했을 시 얻을 수 있는 수익률이었다. 최근 클라우드 서비스 공급사들의 공

디지털리얼티트러스트 역사적 주가 차트

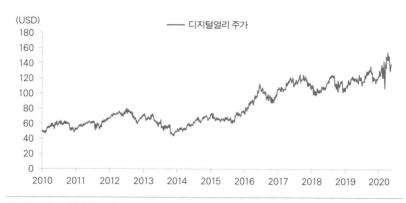

자료: Bloomberg, 하나금융투자

격적인 글로벌 데이터센터 투자가 지속되는 가운데 디지털리얼티가 이들을 위한 홀세일 코로케이션과 일반 기업체를 대상으로 하는 리테일 코로케이션을 모두 비즈니스로 영위한다는 점은 장기적으로 긍정적이라는 판단이다.

아메리콜드
(COLD)

기업 이야기: 같은 사업가 밑에서 자란 아메리콜드와 코카콜라

아메리콜드의 핵심 비즈니스이기도 한 콜드체인cold chain은 저온을 유지시킨 상태에서 식료품이 상하지 않도록 유통하는 모든 과정을 통틀어 가리키는 말이다. 콜드체인은 생산부터 소비까지의 모든 공급 과정을 포함하며 저온 생산기지, 저온 물류 인프라, 저온 운송 등이 모두 포함된다. 근대 콜드체인의 역사는 18세기 영국에서 시작되었는데, 이는 어

부들이 포획한 다량의 물고
기를 장기간 보관하고 수산
시장에 유통하기 위해 얼음
을 사용했던 것에서 비롯되
었다. 이후 1930년에는 미국
의 발명가인 프레데릭 존스
Frederick Jones가 제2차 세계

20세기 초 AIC의 얼음 수송 차량

대전 중 미군이 음식이나 의약품, 혈액을 장기간 보관하고 이용할 수 있
도록 트럭용 공기 냉각장치를 개발했는데, 이를 기반으로 미국의 콜드체
인 산업은 본격적인 성장기에 들어섰다.

아메리콜드는 미국 유일의 저온 물류 인프라를 운영 및 임대하는 회
사로, 그 전신은 1903년 설립된 아틀란틱아이스앤코얼컴퍼니AIC: Atlantic
Ice and Coal Company다. AIC는 창립자인 어니스트 우드러프Ernest Woodruff
가 당시 영세한 냉동창고 업체 3개를 인수하며 만든 회사인데, 당시의
냉동창고는 겨울에 호수나 강에서 채굴한 얼음을 지푸라기 더미로 덮어
초여름까지 보관한 뒤 이를 활용해 식료품을 보관하는 구조였다. 비교
적 영세한 사업자였던 AIC는 1910년부터는 어니스트가 회장직을 맡고
있던 트러스트컴퍼니Trust Company(현재 선트러스트뱅크SunTrust Bank의 전신)
의 도움으로 버지니아와 캐롤라이나 전역에서 비즈니스를 확장할 수 있
었다. 어니스트는 1919년 아사 캔들러Asa Candler로부터 당시 경영 부진을
겪고 있던 코카콜라를 2500만 달러(약 300억 원)에 인수했는데, AIC와
코카콜라는 별도의 기업으로 운영되었다. 제1차 세계대전 동안 설탕 가

격이 폭등하는 바람에 코카콜라의 경영 상황은 좋지 않았고, 인수 4년 뒤인 1923년 어니스트 우드러프는 사업가 기질이 강했던 아들 로버트 우드러프Robert Woodruff에게 코카콜라의 경영권을 넘겨준다. 어니스트 우드러프가 단순히 돈을 벌기 위해 여러 사업을 병행한 반면, 로버트 우드러프는 현재 말로 기업가 정신이 충만한 인물이었다. 로버트 우드러프는 이후 60년 동안 회사를 경영하며 코카콜라를 글로벌 거대 음료 회사로 성장시킨 희대의 사업가가 되었다.

어니스트 우드러프의 코카콜라 투자 이후 AIC는 1935년 사명을 아틀란틱컴퍼니Atlantic Company로 변경했는데, 이때부터는 냉장 물류 사업과 맥주 생산업을 병행했다. 당시 맥주 판매는 아틀란틱컴퍼니 전사 매출의 50%를 차지했다. 1950년대 말미 아틀란틱컴퍼니는 얼음을 이용한 소매판매점 사업을 시작했고, 1960대 3번의 M&A를 거쳐 1967년 잭슨-아틀란틱Jackson Atlantic으로 사명을 또 한 번 변경했다. 잭슨-아틀란틱은 미국 내 40개의 저온 물류창고를 보유하고 있던 물류 회사로 당시 기준 미국 최대 규모의 저온 인프라를 보유한 회사였다. 이후 30년 동안 저온 물류 사업을 영위한 잭슨-아틀란틱은 1997년 사명을 현재의 아메리콜드Americold로 변경했고, 2010년 기준 미국 최대의 저온 물류 인프라 전문 투자회사가 되었다. 아메리콜드는 2018년 IPO를 통해 기업가치 8억 3000만 달러(한화 약 1조 원)로 뉴욕거래소에 상장한다. 아메리콜드의 현재 기업가치는 750억 달러(약 9조 원)에 달하는데 불과 2년 반 만에 기업가치는 8배 가까이 상승한 것이다. 가파른 기업가치 상승에는 100년의 역사를 바탕으로 한 부동산 인수·개발 전략이 있었다.

미국 리츠로 4차 산업 건물주가 되라

기업 개요

아메리콜드COLD는 2018년 뉴욕거래소에 상장한 글로벌 유일의 냉동·냉
장 물류시설 전문 리츠이다. 회사의 역사는 무려 1903년에 설립된 얼음
판매회사 '아틀란틱아이스앤코얼컴퍼니'까지 거슬러 올라가지만 현재의
이름을 가지게 된 것은 1997년이다. 2020년 3월 기준 미국 냉동 물류

기업 정보 요약

Key Data			
국가	미국		
상장 거래소	뉴욕거래소		
설립연도	1903년		
CEO	Fred Boehler		
투자 부동산	저온 물류 인프라		
홈페이지	www.americold.com		
시가총액 (십억 USD)	7.1		
시가총액(조 원)	8.8		
52주 최고/최저 (USD)	40.42/23.3		
주요주주 지분율(%)			
뱅가드그룹	13.63		
블랙록	6.87		
블룸버그 목표가 (USD)	38.57		
최근 종가(USD)	35.23		
주가 상승률	1M	6M	12M
절대	8.7	(8.0)	9.4
상대	4.8	(2.9)	3.5

주: 2020년 5월 27일 종가 기준

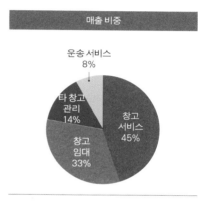

매출 비중

운송 서비스 8%
타 창고 관리 14%
창고 서비스 45%
창고 임대 33%

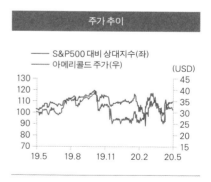

주가 추이

— S&P500 대비 상대지수(좌)
— 아메리콜드 주가(우)

연도별 매출 구성 및 향후 매출액 전망

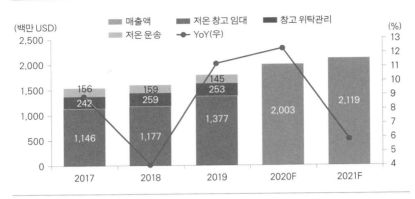

자료: Americold, Bloomberg, 하나금융투자

인프라 점유율 27%를 차지하고 있으며, 이는 리니지로지스틱스Lineage Logistics의 30%에 이은 2위다. 글로벌 냉동 물류 시장점유율은 5% 수준이다. 지역별 포트폴리오 비중은 미국이 86%로 가장 높으며 호주와 뉴질랜드가 나머지 14%를 차지한다. 냉동 물류시설은 관리 측면에서 전문성이 요구되기 때문에 관련 전문 인력을 보유하고 있으며, 소형 임차인을 위한 냉동 운송 서비스나 위탁관리 사업도 병행하고 있다. 글로벌 콜드체인 성장에 필요한 인프라를 제공하기 때문에 장기 성장이 가능할 전망이다.

비즈니스 모델

아메리콜드는 물류시설 중에서도 온도 조절 창고temperature controlled warehouse를 전문으로 관리 및 임대하는 리츠이다. 냉동 물류시설의 특

미국 리츠로 4차 산업 건물주가 되라

성상 전문성이 크게 요구되기 때문에 이를 활용한 서비스 매출이 전체 매출의 45%를 차지하며 타 업체 냉동 인프라 위탁관리 매출 또한 15%를 차지하고 있다. 자산의 종류는 대형 유통센터가 이익 기준 45%로 가장 크게 차지하고 있으며, 맞춤형 소형 창고와 지역 유통 창고가 각각 30%, 24%를 차지하고 있다.

창고의 종류에서 알 수 있듯이 임차인의 종류와 크기 또한 다양하다. 따라서 사측은 운송 인프라가 부족한 소형 임차인을 위해 냉동·냉장 운송 비즈니스도 영위하고 있다. 임차인은 과거 식료품·제약 생산 업체 중심에서 최근에는 유통 업체까지 다양하게 확대 중이다. 상위 25개 임차인 중 생산 업체는 비중이 약 65%를 차지하며 유통·소매 업체가 나머지 35%를 차지하고 있다. 냉동·냉장 물류 및 콜드체인 비즈니스가 낙농업이 발달한 선진국 중심인 만큼 미국·캐나다·호주·뉴질랜드 국가의 수요가 상대적으로 높다. 글로벌 178개의 냉동창고를 임대 중이며, 이 중 미국에 160개가 위치한다.

투자 부동산의 종류와 특징: 저온 물류창고

저온 물류창고temperature controlled warehouse는 낙농업이나 식료품 제조업에서 생산되는 제품을 특정 온도 이하에서 보관하기 위해 특수하게 설계된 물류시설로 냉동(섭씨 0도 이하)·냉장(섭씨 0~13도) 시설을 모두 포함한다. 냉동·냉장 물류창고 내부에는 온도 제어를 위한 냉각장치가 부착되어 있으며 관리자는 천장의 높이, 건축자재, 단열재의 밀도와 같은

아메리콜드 냉동 물류창고 내부 모습

자료: Americold, 하나금융투자

요인을 고려해 장치의 설치 빈도 등을 결정한다. 임대창고 관리자는 온도 모니터링, 음식료품 안전관리, 물류 자동화와 같은 서비스를 제공하며, 이에 대한 보상을 임대료의 형태로 수령한다. 창고의 종류로는 주·도시 단위 허브 역할을 하는 대형 물류센터, 임차인 맞춤형 중소형 물류창고 및 지역 유통 창고로 구분된다. 콜드체인 비즈니스는 냉동시설 관리에 대한 전문 지식이 필요하고 유통체인 전반에 대한 이해가 필요하기 때문에 진입장벽이 높고 규모의 경제 효과가 존재한다.

핵심 투자 포인트 요약

(1) 온라인 신선 유통 수요의 증가
국내에서 이커머스를 활용한 신선 유통시장이 빠르게 성장하고 있는 것

아메리콜드 재무제표

손익계산서 (단위: 백만 USD)							대차대조표 (단위: 백만 USD)					
	2017	2018	2019	2020F	2021F			2015	2016	2017	2018	2019
매출액	1,544	1,604	1,784	2,003	2,119		순부동산자산	1,846	1,784	1,835	1,840	3,051
영업비용	1,407	1,424	1,652	1,789	1,881		현금성자산	33	23	49	208	234
유무형상각비	117	118	163				매출채권	183	200	202	197	215
판매관리비	111	111	129				영업권	187	187	188	186	318
부동산운영비	797	802	930				기타무형자산	26	24	27	25	285
영업이익	137	180	131	214	238		자산총계	2,399	2,328	2,395	2,532	4,171
이자손익	(114)	(89)	(88)				매입채무	61	64	94	85	351
세전이익	9	44	43	111	126		장기부채	1,679	1,680	1,741	1,351	1,695
법인세(환입)	9	(4)	(5)				장기리스	182	152	160	160	236
지배순이익	(30)	46	48	106	128		미지급비용	147	146	147	139	0
부동산감가비	86	88	115				선수수익	18	18	19	19	16
부동산매각손실(이익)	0	7	(0)				부채총계	2,138	2,105	2,209	1,826	2,338
FFO	106	175	220	254	292		보통주자본금	1	1	1	1	2
주식보상비	2	6	10				자본잉여금	387	393	394	1,356	2,582
비부동산감가비	31	30	49				자사주	0	0	0	0	0
무형상각비	9	6	6				누적초과배당금	(489)	(532)	(582)	(638)	(737)
반복 CAPEX	(50)	(44)	(59)				지배자본총계	(110)	(150)	(187)	707	1,833
AFFO	95	170	215	259	296		비지배지분	371	372	373	0	0
배당금	102	147	174	193	216		자본총계	261	222	186	707	1,833

성장률(YoY, %)

	2017	2018	2019	2020F	2021F
매출액	3.6	3.9	11.2	12.3	5.8
영업이익	3.7	31.4	(26.9)	63.0	11.1
FFO	53.3	64.9	25.6	15.5	15.2
AFFO	33.0	80.1	25.9	20.8	14.1

수익성(%)

	2017	2018	2019	2020F	2021F
영업이익률	8.9	11.2	7.4	10.7	11.2
순이익률	(1.9)	2.9	2.7	5.3	6.1
AFFO Margin	6.1	10.6	12.0	12.9	14.0
AFFO Payout	21.5	59.7	68.6	67.1	65.1

자료: S&P Capital, Bloomberg Consensus, 하나금융투자

은 주요 물류 요충지에 냉동·냉장 유통 인프라가 잘 갖추어져 있기 때문이다. 우리나라보다 광활한 면적을 가진 미국의 경우 국내와 같이 빠른 시간 내 신선제품 배송을 완료하기 위해서는 지금보다 촘촘한 냉동 유통망이 구성되어야 할 것이다. 최근 코로나19 사태로 미국과 유럽에서는 이커머스를 통한 필수소비재 수요가 크게 증가하고 있는데, 소비자들이 온라인 채널을 통한 식료품·신선제품 소비를 경험할수록 소비자들의 온라인 소비성향은 점차 상승할 것으로 보인다. 이러한 소비 트렌드는 장기적으로 글로벌 콜드체인 발달에 크게 기여할 것으로 보이며, 냉동·냉장 물류 인프라의 수요 또한 증가할 것으로 보인다.

(2) 기존의 생산자 중심에서 유통 중심으로

아메리콜드는 최근 'Farm to Fork'라는 전략을 통해 기존의 생산자 중심의 냉동 물류시설에서 점차 최종 소비자에 가까운 냉동 유통시설로 자산 포트폴리오를 확대 중이다. 'Farm to Fork'는 말 그대로 농장Farm에서 생산되어 유통 과정을 거쳐 식탁Fork으로 올라오는 일련의 과정에 필요한 냉동 물류 인프라, 이른바 '콜드체인'을 점유하는 전략이다. 냉동·냉장 유통시설은 앞서 언급한 이커머스 수요와 높은 상관관계가 있기 때문에 관련 시설에 대한 투자를 확대하는 것이 아메리콜드의 외형 성장에 도움이 될 것으로 보이며, 장기적으로 콜드체인 전반에서 경쟁력을 갖출 수 있을 것으로 보인다.

미국 리츠로 4차 산업 건물주가 되라

주가 흐름과 향후 전망

아메리콜드는 연 3%대의 배당수익률을 보여온 중형 저온 물류 인프라 리츠로 2018년 1월 18일에 뉴욕거래소에 상장했다. 최초 상장ɪᴘᴏ 당시 기업가치는 8억 3000만 달러(한화 약 1조 원)였는데 현재 기업가치는 8조 8000억 원에 달한다. 이는 적극적인 우량 자산 편입을 통한 보유 자산가치 상승이 만든 결과이다. 2018년 초 상장 이후 2020년 5월 말 현재까지의 배당재투자를 감안한 누적 수익률은 134%이다. 이를 연평균으로 환산하면 연 43.4%라는 어마어마한 수익률이 된다. 이 중 주가 상승을 통한 수익률은 연 39.8%였으며, 나머지 연 3.6%는 아메리콜드가 지급하는 배당을 주식에 재투자했을 시 얻을 수 있는 수익률이었다. 글로벌 유일의 저온 물류 리츠인 만큼 향후의 행보가 주목되며, 글로벌 콜드체인 시장의 성장과 함께 보유 부동산 가치의 안정적인 상승이 기대된다.

아메리콜드 역사적 주가 차트

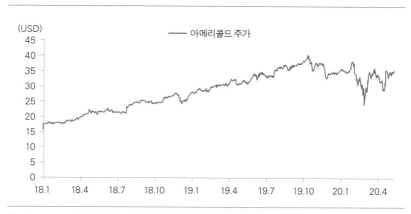

자료: Bloomberg, 하나금융투자

알렉산드리아리얼에스테이트 (ARE)

A L E X A N D R I A.

기업 이야기: 하버드대학 마이클 포터 교수의 클러스터 이론과 부동산 투자

알렉산드리아리얼에스테이트는 기업공개 전문 변호사이자 회계사였던 조엘 마르쿠스Joel Marcus와 화학공학자였던 제리 스달스키Jerry Sudarsky 가 1994년에 창업한 부동산 개발회사로 1998년 1억 6000만 달러(한화 1900억 원)의 기업가치를 인정받으며 뉴욕거래소에 상장했다. 사명인 알렉

산드리아는 고대 이집트의 과학도시 알렉산드리아에서 따왔다.

알렉산드리아는 창업자인 조엘 마르쿠스가 하버드대학 마이클 포터 Michael Porter 교수의 비즈니스 클러스터 이론을 부동산 투자에도 적용한 것에서부터 출발했는데, 마이클 포터는 '산업 환경의 5가지 경쟁 요인(5-Force)' 이론을 정립한 것으로도 유명한 미국의 경제학자이다. 클러스터cluster라는 용어는 마이클 포터가 1990년 발간한 《국가 경쟁우위 Competitive Advantage of Nations》에 쓰기 시작하며 보편화되었는데, 당시 그의 이론에 따르면 클러스터의 국제적인 경쟁력은 ① 산업의 집적도 ② 자원, 노동력, 인프라의 입지 환경 ③ 고객의 존재 ④ 지역 내 기업들의 경영전략과 경쟁환경에 좌지우지된다는 것이었다.

산업 클러스터에 대한 연구는 1990년대 초부터 미국을 중심으로 활발히 이루어졌는데, 특정 지역이 가진 혁신 능력이나 체계에 주목하며 특정 지역의 기술을 글로벌 비즈니스로 발전시킬 수 있는지에 대해 집중적으로 연구했다. 이를 기반으로 1990년대 중반부터는 IT와 같은 첨단 산업이나 바이오·생명과학을 중심으로 미국 내 다양한 비즈니스 클러스터들이 형성되기 시작했다. 1998년 마이클 포터는 비즈니스 클러스터가 기업 경쟁환경에 미치는 영향을 세 가지로 축약했는데, 비즈니스 클러스터가 ① 해당 지역 내 기업의 생산성을 향상시키고 ② 혁신을 가속화하며 ③ 새로운 비즈니스의 탄생을 촉진시킨다는 것이었다.

2000년대에 들어서며 비즈니스 클러스터에 대한 연구 결과가 축적되고 글로벌 부동산 시장이 활황기에 진입하자 알렉산드리아는 2000년대 중반부터 미국 내 대규모 바이오 단지 투자를 감행했다. 특히 2004년 샌디에이고 미션베이 바이오 클러스터 개발을 시작으로 2005년에는 뉴욕시티 바이오 부동산을 인수 및 개발했고 2006년에는 매사추세츠 케임브리지 바이오 클러스터에 투자했다. 이처럼 적극적인 투자의 결과로 현재 알렉산드리아는 미국 6개 바이오 클러스터에 총 270개의 제약·생명과학 연구동 및 오피스를 보유한 글로벌 최대 클러스터 부동산 운영 및 개발 업체가 되었다. 이는 비즈니스와 권역 이론에 대한 끝없는 연구와 과감한 투자 결정이 이끌어낸 결과라고 볼 수 있으며, 비즈니스 클러스터가 장기간 긍정적인 효과를 발휘한다는 것을 입증한 것이기도 하다.

기업 개요

알렉산드리아리얼에스테이트ARE는 1994년에 설립된 미국 시가총액 2위 오피스 리츠로, 미국 동북부·서부 바이오 클러스터를 중심으로 총 270개의 바이오 오피스를 보유 및 임대 중이다. 임차인 구성은 바이오테크 관련 업체가 약 30%를 차지하고 있으며, 브리스톨마이어스스큅BMS: Bristol-Myers Squibb, 머크, 암젠과 같은 글로벌 제약사가 20~25%를 차지하고 있다. 이외에도 생명과학 업체와 정부·비영리단체가 각각 20%, 10%씩을 차지하고 있다. 바이오 산업과 관련된 임차인을 모두 합치면 전체 임대 매출의 80%를 차지한다. 지역별로는 보스턴, 샌프란시스코, 뉴욕과 같은 미국 대형 바이오 클러스터 비중이 98%에 달한다. 알렉산

기업 정보 요약

Key Data	
국가	미국
상장 거래소	뉴욕거래소
설립연도	1994년
CEO	Joel S. Marcus
투자 부동산	바이오 오피스
홈페이지	www.are.com
시가총액 (십억 USD)	19.1
시가총액(조 원)	23.7
52주 최고/최저 (USD)	175.74/109.22
주요주주 지분율(%)	
뱅가드그룹	15.00
블랙독	8.99
블룸버그 목표가 (USD)	171.75
최근 종가(USD)	151.45

주가 상승률	1M	6M	12M
절대	(0.2)	(7.3)	3.6
상대	(4.1)	(2.1)	(2.3)

주: 2020년 5월 27일 종가 기준

매출 비중

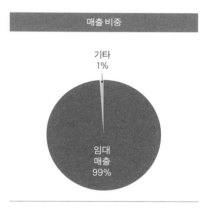

기타 1%

임대 매출 99%

주가 추이

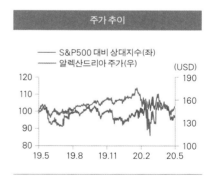

— S&P500 대비 상대지수(좌)
— 알렉산드리아 주가(우)

연도별 매출 구성 및 향후 매출액 전망

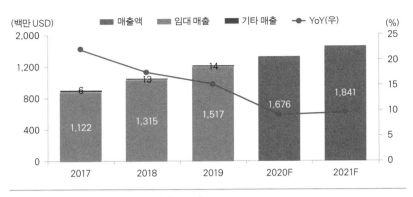

자료: Alexandria Real Estate, Bloomberg, 하나금융투자

드리아 오피스 포트폴리오의 지난 10년 평균 공실률은 4% 이하로 매우 안정적이었는데, 비즈니스 클러스터에서 나타나는 임대 수요가 장기적으로 매우 견조했음을 보여주고 있다.

비즈니스 모델

알렉산드리아리얼에스테이트의 비즈니스 모델은 미국 내 주요 바이오 클러스터(보스턴, 캘리포니아, 뉴욕 등)를 중심으로 오피스를 임차하는 것인데, 임차인의 구성이 대부분 바이오테크 업체이거나 글로벌 대형 제약사인 것이 특징이다. 바이오 클러스터는 권역 내에 다양한 연구기관이 존재하기 때문에 제약사나 바이오테크 기업들이 최근 연구 활동과 개발 동향을 공유하는 데 용이하며 바이오 연구원들 간의 관계 형성, 밸류체인 형성, 정부 지원 측면에서 높은 비즈니스 시너지가 나타난다. 클러스터 오피스는 대체로 낮은 공실률과 안정적인 임대료 상승을 보이기 때문에 장기적으로 임대의 안정성이나 성장성 측면에서 일반 오피스보다 유리하다. 사측은 바이오 연구에 필요한 클린룸을 오피스에 따로 공급한다거나 벤처캐피털 활동을 통해 바이오 스타트업이 안정적으로 정착할 수 있도록 지원하고 있기 때문에 임차인들의 꾸준한 수요가 이어질 수 있는 구조이다.

투자 부동산의 종류와 특징: 바이오 클러스터 오피스

알렉산드리아의 바이오 오피스는 기본적으로 설계나 구성에서 일반 오피스와 큰 차이가 나는 것은 아니다. 즉 건물 자체로부터 나타나는 차별성은 크지 않다(다만 제약·바이오 연구에 필요한 시설은 갖출 수 있다). 따라서 알렉산드리아 오피스 포트폴리오의 강점은 전적으로 비즈니스 클러스터가 가져오는 높은 오피스 및 연구시설 수요에 초점이 맞춰진다고 볼 수 있다. 미국의 바이오 클러스터는 총 7개 지역이 있는데 보스턴, 뉴욕, 메릴랜드, 리서치 트라이앵글 파크(노스캐롤라이나 과학단지), 샌디에이고, 샌프란시스코, 시애틀 등이다. 보스턴을 예로 들면 MIT를 비롯한 다양한 바이오·생명과학 연구기관이 존재하고, 이와 관련된 정부 기관과 민간기업들이 밀집해 있다. 이와 같은 비즈니스 클러스터 특성 때문에 높은 오피스 수요가 장기간 이어질 수 있는 구조이다.

알렉산드리아의 샌디에이고 바이오 클러스터

자료: Alexandria Real Estate, 하나금융투자

핵심 투자 포인트 요약

(1) 바이오 클러스터의 높은 안정성

클러스터 내 신규 오피스의 공급이 용이하지 않은 만큼 바이오 기업들의 지속되는 오피스 수요는 알렉산드리아 오피스 포트폴리오의 낮은 공실률로 이어지고 있다. 바이오 클러스터의 특성상 임차인 이탈률이 높지 않기 때문에 앞으로도 현재와 같이 4% 이하의 낮은 공실률을 유지할 수 있을 전망이며, 글로벌 대형 제약사를 비롯한 우량 임차인 비중이 높은 만큼 임대 안정성 또한 높다는 판단이다.

알렉산드리아리얼에스테이트 재무제표

손익계산서 (단위: 백만 USD)

	2017	2018	2019	2020F	2021F
매출액	1,128	1,327	1,531	1,676	1,841
영업비용	817	949	1,099	1,197	1,297
유무형상각비	417	478	545		
판매관리비	75	90	109		
부동산운영비	326	381	445		
영업이익	311	378	432	479	543
이자손익	(129)	(157)	(174)		
세전이익	169	379	363		
법인세	0	0	0		
지배순이익	145	364	351	309	380
부동산감가비	417	478	542		
부동산매각손실(이익)	(125)	(44)	(0)		
FFO	554	682	783	815	852
주식보상비	26	35	44		
비부동산 감가상각비	0	0	3		
반복 CAPEX	(8)	(12)	(61)		
정액임대료조정	(108)	(99)	(104)		
AFFO	451	604	704	728	810
배당금	318	385	450	518	603

성장률(YoY, %)

	2017	2018	2019	2020F	2021F
매출액	22.4	17.7	15.4	9.5	9.8
영업이익	16.8	21.8	14.3	10.8	13.5
FFO	31.6	23.0	14.8	4.1	4.5
AFFO	29.7	34.0	16.6	3.3	11.4

수익성(%)

	2017	2018	2019	2020F	2021F
영업이익률	27.5	28.5	28.2	28.6	29.5
순이익률	12.9	27.4	22.9	18.5	20.7
FFO Margin	49.2	51.4	51.1	48.6	46.3
FFO Payout	57.3	56.5	57.5	63.5	70.7

대차대조표 (단위: 백만 USD)

	2015	2016	2017	2018	2019
순부동산자산	7,437	8,857	10,245	11,911	15,123
현금성자산	125	125	254	234	190
매출채권	291	383	483	579	692
기타무형자산	41	76	78	150	282
기타장기자산	155	73	142	277	401
자산총계	8,881	10,355	12,104	14,465	18,391
매입채무	240	366	350	216	199
미지급금	239	266	277	280	279
미지급배당	62	77	92	110	126
담보선순위채	810	1,011	771	631	349
무담보선순위채	2,031	2,378	3,396	4,292	6,044
기타무담보부채	1,095	774	598	555	384
상환전환우선주	237	87	74	64	0
부채총계	5,273	5,676	6,229	7,187	9,525
순부채	3,815	4,043	4,511	5,245	6,588
보통주자본금	1	1	1	1	1
자본잉여금	3,558	4,673	5,824	7,287	8,874
기타포괄손익 누계액	49	5	50	(10)	(10)
지배자본총계	3,608	4,679	5,875	7,278	8,866

자료: S&P Capital, Bloomberg Consensus, 하나금융투자

(2) 높은 신규 개발 파이프라인

알렉산드리아의 총 임대면적은 2020년 3월 말 기준으로 2700만 평방피트(약 76만 평)인데 현재 개발 중인 면적만 210만 평방피트에 달하기 때문에 단기 내 임대 가능한 오피스 면적은 8% 이상 증가할 것으로 보인다. 또한 아직 개발에 착수하지는 않았지만 중·단기 개발 파이프라인이 630만 평방피트에 달하기 때문에 향후 4~5년간 안정적인 외형 성장이 가능할 것으로 보인다.

주가 흐름과 향후 전망

알렉산드리아는 연 3%대의 배당수익률을 보여온 중대형 바이오 연구시설 및 오피스 리츠로 2010년부터 2020년 5월 말 현재까지 배당재투자를 감안한 누적 수익률은 222%이다. 이를 연평균으로 환산하면 연

알렉산드리아리얼에스테이트 역사적 주가차트

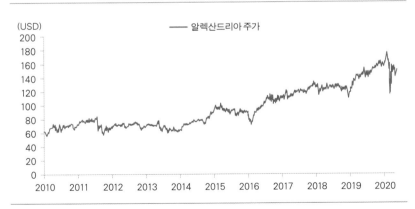

자료: Bloomberg, 하나금융투자

미국 리츠로 4차 산업 건물주가 되라

11.9%에 해당한다. 지난 10년간 기록한 연 11.9%의 수익률 가운데 주가 상승을 통한 수익률은 연 8.6%였으며, 나머지 연 3.3%의 수익률은 알렉산드리아가 지급하는 배당을 주식에 재투자했을 시 얻을 수 있는 수익률이었다. 클러스터가 기업에 주는 긍정적인 효과는 지난 10년간 끊임없이 증명돼왔으며, 이는 앞으로도 알렉산드리아의 안정적인 수익률에 기여할 전망이다.

아센다스리츠
(A17U)

기업 개요

아센다스리츠A17U는 2002년에 설립된 싱가포르 최초이자 최대 주식형 공모 리츠로 싱가포르 국부펀드 테마섹 산하의 복합 산업형 리츠이다. 현재 싱가포르, 호주, 영국, 미국 등 4개국에서 총 198개의 포트폴리오를 운영하고 있으며, 전체 자산 규모는 128억 싱가포르달러(약 11조 원)에 달한다. 복합 산업형 리츠인 만큼 투자하는 부동산의 종류 또한 매우 다양한데, 전체 포트폴리오의 44%는 비즈니스&사이언스파크이며 물류 인프라가 25%, 기타 산업용 시설이 31%를 차지하고 있다. 싱가포르 리츠 특성상 부동산에 대한 자산재평가가 매년 이루어지기 때문에 포트폴리오 가치를 공정가치로 확인할 수 있다. 이러한 특징을 감안했을 때 아센다스리츠의 포트폴리오 가치는 2014년 82억 달러에서 2019년 128억 달러로 연평균 9% 이상 증가한 것을 볼 수 있다.

기업 정보 요약

Key Data			
국가	싱가포르		
상장 거래소	싱가포르거래소		
설립연도	2002년		
CEO	William Tay		
투자 부동산	산업용 부동산		
홈페이지	www.ascendasreit.com		
시가총액 (십억 SGD)	11.0		
시가총액(조 원)	9.6		
52주 최고/최저 (SGD)	3.48/2.22		
주요주주 지분율(%)			
아센다스	19.15		
블랙독	6.00		
블룸버그 목표가 (USD)	3.16		
최근 종가(SGD)	3.04		
주가 상승률	1M	6M	12M
절대	8.2	2.0	5.0
상대	8.9	23.3	25.2

주: 2020년 5월 27일 종가 기준

매출 비중

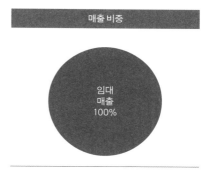

임대
매출
100%

주가 추이

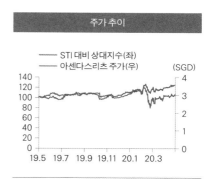

연도별 매출액, 영업이익 및 AUM 추이

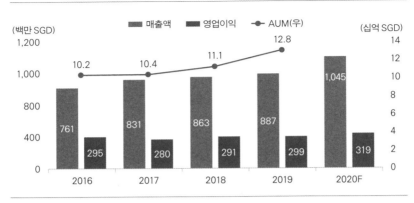

자료: S&P Capital, 아센다스리츠, 하나금융투자

비즈니스 모델

아센다스리츠의 비즈니스 모델은 기본적으로 싱가포르 내 사이언스파크
나 물류·산업용 시설 중심의 임대 사업인데 사이언스파크의 경우 연간
임대료 상승률이 물류센터보다 높게 형성될 정도로 우량한 부동산으로
파악된다. 국가별로는 싱가포르를 필두로 호주, 영국, 미국 등 4개국에
서 관련 자산 200개가량을 임대 중이며, 이 중 싱가포르의 비중이 80%
에 달한다. 나머지는 호주가 15%, 영국이 7% 등이다. 아센다스리츠의
최대주주는 아센다스홀딩스로 20% 내외의 지분을 보유하고 있는데, 아
센다스홀딩스는 테마섹 산하 캐피털랜드의 100% 자회사이기 때문에 구
조상 아센다스리츠는 테마섹의 자회사라고(증손자회사) 보아도 무방하다.
따라서 아센다스가 운영하거나 인수하는 대부분의 산업용 부동산은 싱
가포르 국가 차원의 투자라고 보아도 된다.

미국 리츠로 4차 산업 건물주가 되라

투자 부동산의 종류와 특징: 사이언스파크, 산업용 부동산

비즈니스&사이언스파크는 아센다스의 싱가포르 포트폴리오 중 가장 대표적인 부동산으로 창이비즈니스파크, 싱가포르사이언스파크1, 싱가포르사이언스파크2, 인터내셔널비즈니스파크 등이 있다. 이 중 2012년 준공된 창이비즈니스파크의 경우 대부분의 임차인이 싱가포르(주로 국영) 및 글로벌 IT 업체이거나 금융 업체들이라 할 수 있다. 아센다스 소유의 비즈니스파크에는 싱가포르텔레콤과 같은 국영기업과 허니웰, 지멘스, 슈나이더일렉트릭Schneider Electric과 같은 대형 산업용 테크 업체들이 입주해 있으며 미국의 자일링스 같은 중대형 반도체 업체 및 DBS, JP모건, 씨티Citi와 같은 글로벌 투자은행들도 입주해 있다. 사이언스파크의 경우에는 이들 업체의 R&D 시설이 집중되어 있다고 볼 수 있다. 이외에도 싱가포르 남서부 및 동부 지역 물류센터들과 중부에 위치한 데이터센터 등이 있으며, 준국영기업인 아센다스홀딩스의 투자 계획 하에 포트폴리오를 확대하는 모습을 보이고 있다.

아센다스 소유의 비즈니스&사이언스파크

자료: 하나금융투자

핵심 투자 포인트 요약

(1) 포트폴리오 다각화에 따른 높은 수익성

산업용 리츠는 2019년 10월 이후 싱가포르 리츠 섹터 중 가장 높은 수익률을 보이고 있다. 특히 아센다스리츠의 포트폴리오는 비즈니스&사이언스파크 44%, 물류센터 25%, 산업용 31%로 다각화되어 있으며 평균 공실률 9.1%를 유지 중에 있다. 임대료 상승률을 보여주는 렌탈 리버전rental reversion은 싱가포르 내 비즈니스&사이언스파크에 대한 높은 수요로 평균 8.8%를 기록했다.

(2) 안정적인 재무구조

싱가포르 리츠의 경우 기어링 비율gearing ratio 45%로 부채/자산 비율 상한 규정이 존재하는데 아센다스리츠 역시 35.7%로 유지하면서 안정적인

아센다스 싱가포르 포트폴리오

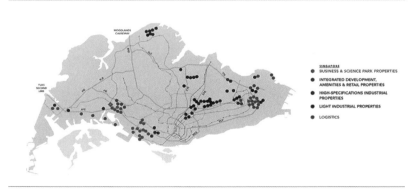

자료: 하나금융투자

아센다스리츠 재무제표

손익계산서 (단위: 백만 SGD)					
	2017	2018	2019F	2020F	2021F
매출액	831.1	862.6	886.7	1,045.3	1,088.6
영업비용	280.4	291.1	298.6	318.8	334.4
영업이익	550.7	571.5	588.0	726.5	754.2
금융손익	(96.8)	(100.6)	(115.8)	(149.0)	(153.0)
영업외손익	(25.5)	9.6	22.0		
재평가전순익	405.5	487.8	483.1	572.2	601.9
자산재평가손익	(18.4)	3.8	29.3		
세전이익	387.1	491.6	512.4	–	
소득세	19.0	(2.8)	(14.4)		
당기순이익	427.5	494.1	503.1	556.2	585.6
배당가능이익 (DI)	446.3	468.0	485.7		
자산재평가액	18.4	(3.8)	(29.3)		
이연법인세	(11.3)	(37.7)	(27.5)		
배당총액	460.4	468.2	498.8		
DPU(Scts)	15.7	16.0	16.0		
성장률(YoY)					
매출	9.2	3.8	2.8	17.9	4.1
영업이익	18.1	3.8	2.9	23.5	3.8
순이익	24.2	15.6	1.8	10.6	5.3
수익성(%)					
영업이익률	66.3	66.3	66.3	69.5	69.3
순이익률	51.4	57.3	56.7	53.2	53.8
Payout	103.2	100.0	102.7		

대차대조표 (단위: 백만 SGD)					
	2015	2016	2017	2018	2019
비유동자산	7,868.2	9,598.7	9,999.3	10,214.4	11,235.5
투자 부동산	7,877.2	9,607.9	10,008.3	10,223.5	11,244.6
유동자산	292.1	271.5	171.6	139.4	178.3
현금 및 현금성자산	41.6	56.2	20.5	23.6	50.9
외상미수금	38.9	40.5	6.3	5.6	10.2
기타미수금	14.2	51.7	28.4	17.3	16.7
기타유동자산	197.5	123.1	116.3	92.9	100.5
자산총계	8,160.3	9,870.2	10,170.8	10,353.8	11,413.8
단기유동부채	16.8	578.9	231.5	285.2	396.1
단기차입금	270.0	601.1	592.6	624.7	215.8
장기차입금	2,529.7	2,484.5	2,575.9	2,609.3	3,485.9
미지급금	44.8	172.0	28.5	13.6	13.7
미지급비용	113.3	–	111.5	107.5	108.1
기타비유동부채	42.1	35.7	117.2	53.8	61.9
기타비유동부채	81.7	161.9	137.8	140.9	146.3
부채총계	3,146.7	4,084.9	3,835.7	3,855.1	4,467.8
자본금	5,013.6	5,480.9	6,030.7	6,194.3	6,641.6
이익잉여금	–	–	–	–	–
포괄이익	–	304.4	304.4	304.4	304.4
자본총계	5,013.6	5,785.3	6,335.1	6,498.7	6,946.0

주: SFRS 기준. 예상치는 S&P Capital 컨센서스
자료: S&P Capital, 하나금융투자

재무구조를 보이고 있다. 또한 스폰서에 힘입어 낮은 자본 조달 비용을 유지하고 있기 때문에 향후 추가 자산 편입에 있어 유리하며 2019년 주당배당금DPS은 16.0싱가포르센트로 싱가포르 내 리츠 중 상위권에 속한다.

주가 흐름 및 향후 전망

아센다스리츠는 싱가포르 내 최대 규모 리츠로 2010년부터 2020년 5월까지 배당재투자를 감안한 누적 수익률은 160.7%를 기록했다. 연평균 환산 시 9.6%이며 이 중 주가 상승을 통한 수익률은 연 3.3%, 배당재투자수익률은 6.4%이다. 아센다스리츠는 주가 상승률 대비 높은 배당수익률을 보이면서 리츠 본연의 장점을 최대화했다고 할 수 있다. 기존의 산업용 빌딩과 물류센터 외에 최근 높은 수익성이 기대되는 사이언스파크

아센다스리츠 역사적 주가 차트

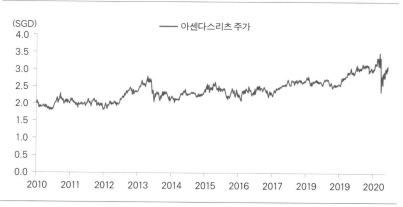

자료: Bloomberg, 하나금융투자

와 데이터센터 등을 포함해 새롭게 포트폴리오를 구성하고 있어 앞으로 도 높은 배당가능이익을 보여줄 것으로 기대된다.

싱가포르 리츠 이야기 1: 싱가포르는 홍콩 사태로 혜택을 받았을까?

싱가포르 리츠가 투자자들의 관심을 받는 이유 중 하나로 최근 홍콩 사 태가 있다. 홍콩 사태는 한국인들에게 상당히 가슴 아프게 다가오지만 투자의 세계는 냉혹한 법이다. 앙드레 코스톨라니Andre Kostolany가 《돈, 뜨겁게 사랑하고 차갑게 대하라》라는 유명한 저서에서 말한 것처럼 말 이다. 홍콩 사태 발발로 많은 전문가들은 홍콩과 비즈니스 및 금융 허브 역할을 두고 라이벌 관계인 싱가포르가 반사이익을 얻을 것이라고 전망 했다. 싱가포르 관광청에 따르면 홍콩 사태가 극심하던 2019년 7월 싱가 포르 호텔 투숙률은 93.8%로 2005년 이후 최고를 기록했다. 이는 홍콩 여행객들이 싱가포르로 유입된 것으로 보인다. 또 외국 자산운용사들이 홍콩 대신 싱가포르에서 사무실을 여는 것으로 계획을 수정했다는 보도 들도 있었다.

　홍콩의 외환 보유액은 2019년 5월 4377억 달러에서 8월 4327억 달러 로 떨어졌고, 같은 기간 싱가포르의 외환 보유액은 5월 2630억 달러에 서 8월 2699억 달러로 상승했다. 또 2019년 8월 홍콩의 유입자금 대비 유출자금 비율은 2.64배로 2019년 1월 1.01배에 비해 2배 이상 상승했 고, 2019년 한 해 동안 싱가포르 상업용 부동산 시장에 유입된 홍콩 자 금은 약 23억 달러로 추정된다.

2020년에도 홍콩 보안법을 도입하는 중국 정부의 모습에 미국 등 서방 국가를 중심으로 홍콩에 대한 특수 지위를 박탈하는 등 다양한 형태의 제재가 도입될 가능성이 높아지면서 홍콩 시장에서의 자본 유출을 염려하는 사람들이 많아지고 있으며, 싱가포르를 포함한 타 아시아국 대도시가 수혜를 받을 수 있을 것이라는 주장도 심심찮게 나오고 있다.

하지만 싱가포르 정부는 홍콩과 관련된 불확실성 증가는 아시아-태평양 지역 경제 전체에도 부정적인 영향을 미칠 수 있다며 조심스러운 모습을 보이고 있는 상황이다. 홍콩에 대한 불안 심리로 단기적으로 혜택을 보는 국가는 있겠지만 장기화된다면 아시아-태평양 국가들에 대한 불안감으로 번질 수 있는 만큼 국가별 이익을 찾기에는 다소 무리가 있겠다.

미국 리츠로 4차 산업 건물주가 되라

케펠DC리츠
(AJBU)

기업 개요

케펠DC리츠AJBU는 2014년에 설립된 아시아 최초의 순수 데이터센터 리츠로 케펠T&T가 스폰서이다. 현재 싱가포르, 호주, 독일 등 아시아−태평양 및 유럽 8개국에서 총 18개의 포트폴리오를 운영하고 있으며, 전체 자산 규모는 26억 싱가포르달러(약 2조 3000억 원)에 달한다. 포트폴리오는 인터넷 48.5%, 텔레콤 24.2%, IT 서비스 19.5%, 금융 서비스 6.5%

로 이루어져 있으며, 전체 자산군의 72.4%는 코로케이션으로 다중 임차인을 보유하는 데이터센터이다. 나머지 27.6%는 홀세일 형태이지만 장기 임대차계약을 하기 때문에 평균 잔여 임차 기간이 10.3년으로 안정적이라고 할 수 있다. 케펠DC리츠 역시 연 1회 자산재평가가 이루어지며, 이러한 특징을 감안했을 때 포트폴리오 가치는 2014년 10억 싱가포르달러에서 2019년 26억 싱가포르달러로 연평균 31% 상승했다.

기업 정보 요약

Key Data			
국가			싱가포르
상장 거래소			싱가포르거래소
설립연도			2014년
CEO			Christina Tan
투자 부동산			데이터센터
홈페이지			www.keppeldcreit.com
시가총액 (십억 SGD)			4.0
시가총액 (조 원)			3.5
52주 최고/최저 (SGD)			2.55/1.51
주요주주 지분율(%)			
케펠			21.29
스미토모미쓰이 파이낸셜그룹			7.83
블룸버그 목표가 (USD)			2.30
최근 종가(SGD)			2.47
주가 상승률	1M	6M	12M
절대	(2.8)	22.5	57.8
상대	(2.0)	43.8	78.0

주: 2020년 5월 27일 종가 기준

매출 비중

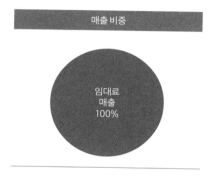

임대료 매출 100%

주가 추이

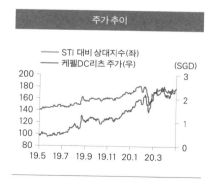

미국 리츠로 4차 산업 건물주가 되라

연도별 매출액, 영업이익 및 AUM 추이

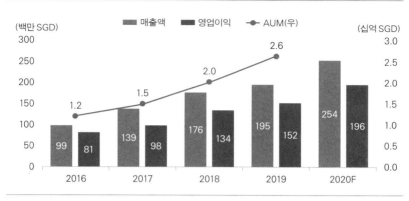

자료: S&P Capital, 케펠DC리츠, 하나금융투자

비즈니스 모델

케펠DC리츠의 비즈니스 모델은 아시아-태평양 및 유럽의 데이터센터를
임대하는 것으로, 이미 데이터센터 리츠가 활성화되어 있는 미국이 아닌
해당 지역들을 거점으로 잡은 만큼 빠른 성장이 기대된다. 2014년 6개
국, 8개 자산으로 시작해 매년 2~3개 자산을 편입해왔으며 현재는 총
8개국에서 18개 자산을 운용 중이다. 국가별로는 싱가포르 63.2%, 호주
10.9%, 아일랜드 7.0%, 독일 5.4%, 네덜란드 5.3%, 영국 5.0%, 이탈리아
2.2%, 말레이시아 1.0%로 이루어져 있다. 케펠DC리츠의 최대주주는 케
펠T&T와 케펠캐피털, 케펠랜드로 이루어진 케펠그룹으로 20% 내외의
지분을 보유하고 있으며, 케펠그룹의 최대주주는 테마섹이다. 결국 구조
상 국가 차원의 영향력이 크게 미치기 때문에 안정성 면에서는 긍정적이
라 할 수 있다.

투자 부동산의 종류와 특징: 중립형 데이터센터

케펠DC리츠의 부동산은 망 중립형 데이터센터로 각 도시의 교통 요충지에 위치해 접근이 편리하다는 장점이 있다. 포트폴리오의 72.4%는 코로케이션 형태이고, 나머지는 단일 임차인이지만 장기 임대차계약을 통해 임차인 안정성을 높였다. 자산 18개 중 10개는 리즈홀드Leasehold(지상권만 인정), 나머지는 프리홀드Freehold(대지권과 지상권 모두 인정)인데, 리즈홀드의 경우 대부분 만기가 20년 이상 남아 있거나 반영구이고 5년 이내로 남은 부동산의 경우 30년 연장 옵션이 있어 포트폴리오 안정성도 높다. 대표적인 데이터센터로는 싱가포르에 위치하는 KDC SGP 1~5가 있는데, 모두 코로케이션(서버임대) 데이터센터이며 리즈홀드(토지는 국가에 귀속, 정부로부터 장기 임대) 형태이다. 해외 부동산 중 말레이시아의 베이시스베이와 호주의 고어힐, 인텔리전스 2&3, 영국의 카디프데이터센터 등이 프리홀드 형태이다.

케펠DC리츠 소유의 데이터센터

자료: 케펠DC리츠, 하나금융투자

핵심 투자 포인트 요약

(1) 언택트 시대, 데이터센터 수요 증가 중

케펠DC리츠는 아시아 최초의 데이터센터 리츠로 입지를 다져왔다. 최근 글로벌 공급망 우려에도 불구하고 기존 계획대로 포트폴리오 개발이 진행 중에 있으며 전체 임차인의 49%가 인터넷, 24%가 통신, 20%가 IT 기업으로 구성되어 있어 임차인 부도 리스크는 최소화했다. 특히 코로나19로 데이터 트래픽 및 클라우드 수요 증가가 가속화되었고, 순수 데이터센터 리츠인 케펠DC리츠는 이러한 언택트 추세에 따라 더욱 성장할 것이다.

케펠DC리츠 포트폴리오 편입 히스토리

자료: 케펠DC리츠, 하나금융투자

(2) 다분화된 포트폴리오와 낮은 공실률

케펠DC리츠 재무제표

손익계산서 (단위: 백만SGD)						대차대조표 (단위: 백만SGD)					
	2017	2018	2019F	2020F	2021F		2015	2016	2017	2018	2019
매출액	139.1	175.5	194.8	257.6	274.0	비유동자산	1,102.7	1,225.9	1,570.1	2,028.7	2,637.0
영업비용	40.6	41.9	42.4	70.8	63.0	투자 부동산	1,102.7	1,225.9	1,570.1	2,028.7	2,637.0
영업이익	98.4	133.7	152.4	186.8	211.0	유동자산	91.2	338.3	178.1	226.3	280.0
금융손익	(13.3)	(15.8)	(15.4)	(21.1)	(22.9)	현금및현금성자산	37.2	298.0	118.2	128.4	155.9
영업외손익	0.9	0.6	2.6	N/A	N/A	외상미수금	38.5	35.1	49.3	70.3	95.8
재평가전순익	86.1	118.4	139.6	167.9	183.3	기타미수금	13.3	2.0	6.6	14.3	–
자산재평가손익	(8.5)	32.6	(15.9)	N/A	N/A	기타유동자산	2.3	3.2	4.1	13.3	28.2
세전이익	77.6	151.0	123.7	N/A	N/A	자산총계	1,211.2	1,583.0	1,763.3	2,259.1	2,928.0
소득세	(7.3)	(5.0)	(12.6)	N/A	N/A	단기유동부채	30.2	3.1	1.1	130.0	40.3
당기순이익	70.3	146.0	111.1	155.4	169.7	단기유동리스	3.4	3.5	3.7	3.6	N/A
배당가능이익(DI)	82.3	96.1	113.2	N/A	N/A	장기차입금	311.8	437.1	546.6	547.6	880.5
자산재평가액	10.7	(31.5)	16.7	N/A	N/A	장기차입금	27.9	28.9	30.1	29.9	N/A
무형자산상각	2.5	6.8	4.4	N/A	N/A	장기리스	1.9	1.6	3.1	4.1	59.9
이연법인세	2.5	(3.8)	4.9	N/A	N/A	미지급금	12.3	19.4	34.5	37.5	0.1
배당총액	80.3	98.9	125.9	N/A	N/A	기타유동부채	0.4	0.2	0.3	N/A	7.8
DPU(Scts)	7.1	7.3	7.7	8.8	N/A	부채총계	397.7	509.1	646.8	783.2	1,025.4
성장률(YoY)						지배주주지분	813.1	1,073.5	1,089.7	1,444.8	1,868.0
매출	40.3	26.2	11.0	32.2	6.3	자본금	813.1	1,073.5	1,089.7	1,444.8	1,855.0
영업이익	21.0	35.8	14.0	22.6	13.0	이익잉여금	N/A	N/A	N/A	N/A	125.2
순이익	37.9	107.8	(23.9)	39.9	9.2	포괄이익	N/A	N/A	N/A	N/A	(112.2)
수익성(%)						비지배주주지분	0.4	0.3	26.8	31.2	34.5
영업이익률	70.8	76.1	78.2	72.5	77.0	자본총계	813.1	1,073.5	1,089.7	1,444.8	1,868.0
순이익률	50.5	83.2	57.0	60.3	61.9						
Payout	97.5	103.0	111.1	N/A	N/A						

주: SFRS 기준. 예상치는 S&P Capital 컨센서스
자료: S&P Capital, 하나금융투자

전체 자산군의 72.4%는 코로케이션으로 다중 임차인을 보유하는 데이터센터이다. 나머지 27.6%는 홀세일 형태이지만 장기 임대차계약을 하기 때문에 평균 잔여 임차 기간이 10.3년으로 안정적이라고 할 수 있다. 기어링 비율, 즉 부채/자산 비율은 30.7%, 평균 공실률은 5.3%로 안정적이며, 특히 2019년 9월 FTSE Nareit Developed Index에 포함되면서 아시아 최고의 데이터센터 리츠로 자리매김했다.

주가 흐름 및 향후 전망

케펠DC리츠는 비교적 최근인 2014년 상장해 2020년 5월까지 누적 수익률 253.5%를 기록해 비교적 높은 수준을 보여주고 있다. 상장 이후 기록한 연평균 수익률은 26.0%이며, 이 중 주가 상승을 통한 수익률은 연 20.1%, 배당재투자수익률은 5.9%이다. 아시아 최초의 데이터센터인

케펠DC리츠 역사적 주가 차트

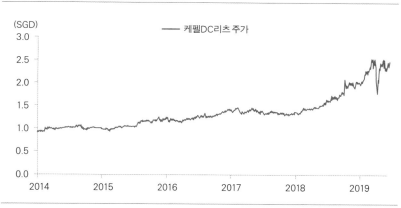

자료: Bloomberg, 하나금융투자

만큼 미국의 유망한 리츠 대비 높은 배당수익률을 보이면서도 주가 상승 역시 두드러지는 실적을 보여주고 있다. 4차 산업혁명과 더불어 언택트 시대의 도래로 글로벌 데이터센터 리츠에 관심이 집중되는 가운데 비즈니스 및 금융 허브 역할을 수행하는 싱가포르 내 순수 데이터센터로서의 케펠DC리츠 역시 미래가 유망하다고 판단된다.

싱가포르 리츠 이야기 2: 싱가포르 비즈니스 트러스트 vs. 리츠

싱가포르에는 리츠와 함께 비즈니스 트러스트라는 기업 형태가 상장되어 있다. 비즈니스 트러스트BT와 리츠는 모두 싱가포르 거래소에서 신탁(트러스트Trust)으로 분류되고 있지만 엄연히 다른 모델이다.

우선 둘의 가장 큰 차이는 투자하는 대상이다. 리츠의 투자자산은 부동산에 한정되어 있으나 비즈니스 트러스트는 투자자산에 대한 제한이 없다. 따라서 부동산 자산에 대한 투자도 가능하지만 일본의 골프 코스를 운영Arcadia Golf Trust하거나 인터넷 연결망을 제공NetLink NBN Trust하는 비즈니스 등에 투자할 수 있다. 또한 비즈니스 트러스트는 자산 소유자와 운용 관리자가 동일한데, 국내의 경우 자기관리 리츠와 비슷한 형태를 띤다. 싱가포르 리츠의 경우 자산 소유자(리츠)와 자산을 운용하는 매니저AMC가 분리되어 있다. 한국의 경우 위탁관리 리츠와 유사하다고 보면 된다. 정책 측면에서도 큰 차이가 있는데, 리츠의 경우 세제 혜택을 누리려면 이익의 90% 이상을 배당해야 하지만 비즈니스 트러스트는 배당에 대한 법적 요구 사항이 없다. 또한 리츠는 기어링 비율(총부채/총자산)이 45%로 제한되어 있지만 비즈니스 트러스트는 이러한 제한 역시 없어서 비교적 자유로운 형태라 할 수 있다. 싱가포르 리츠에 투자를 하면서 동시에 BT에 대해서도 관심을 갖는다면 다양한 형태의 투자 전략도 수립할 수 있을 것이다.

메이플트리로지스틱스 (M44U)

기업 개요

메이플트리로지스틱스M44U는 2005년 상장된 싱가포르 최초의 아시아 중심 물류센터 리츠로, 스폰서는 싱가포르 국영기업인 메이플트리다. 싱가포르를 중심으로 호주, 중국, 홍콩, 일본, 말레이시아, 한국, 베트남 총 8개국에서 145개 물류센터를 운용 중이며 전체 자산 규모는 89억 싱가포르달러(약 7조 8000억 원)이다. 임차인 구성은 음식료 19%, 필수소비재

13%, 전자&IT 12% 등 소비재 섹터가 3분의 1을 차지하며 전체 매출액의 약 30%가 이커머스로 이루어져 있다. 또한 전체 자산군의 64.3%가 다중 임차인 구조로 임차인 리스크를 축소했다. 메이플트리로지스틱스역시 연 1회 자산재평가가 이루어지며, 이러한 특징을 감안했을 때 포트폴리오 가치는 2014년 46억 싱가포르달러에서 2019년 90억 싱가포르달러로 연평균 12% 상승했다.

기업 정보 요약

Key Data	
국가	싱가포르
상장 거래소	싱가포르거래소
설립연도	2005년
CEO	Ng Kiat
투자 부동산	복합물류센터
홈페이지	www.mapletreelogisticstrust.com
시가총액 (십억 SGD)	7.3
시가총액(조 원)	6.4
52주 최고/최저 (USD)	2.08/1.2

주요주주 지분율(%)			
테마섹 홀딩스			30.94
뱅가드그룹			2.53
블룸버그 목표가 (USD)			1.74
최근 종가(USD)			1.93
주가 상승률	1M	6M	12M
절대	5.0	12.5	26.8
상대	5.7	33.8	47.0

주: 2020년 5월 27일 종가 기준

매출 비중

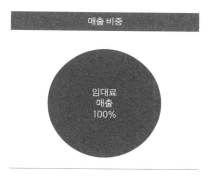

임대료 매출 100%

주가 추이

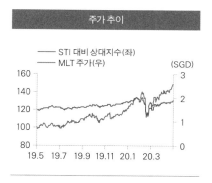

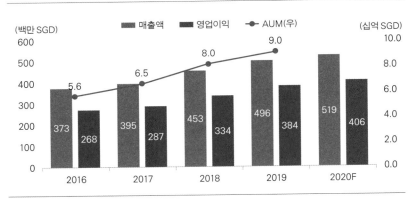

자료: 메이플트리로지스틱스, 하나금융투자

비즈니스 모델

메이플트리로지스틱스의 비즈니스 모델은 물류의 중심인 아시아−태평양 지역 물류센터를 운용하는 것으로 2005년 싱가포르에서 시작해 홍콩, 일본, 한국, 베트남, 호주, 말레이시아, 중국 순으로 포트폴리오를 확장해 현재는 총 8개국에서 145개 자산을 운용 중이다. 국가별로는 싱가포르 29.3%, 홍콩 29.8%, 일본 13.1%, 중국 8.2%, 호주 6.7%, 말레이시아 5.6%, 한국 5.5%, 베트남 1.8%이며 최근에는 베트남과 말레이시아 지역의 물류센터 성장성이 돋보인다. 메이플트리로지스틱스의 최대주주인 메이플트리는 국부펀드 테마섹이 100% 출자한 국영기업이기 때문에 메이플트리로지스틱스는 국가에서 운영하는 리츠라고 볼 수 있다.

투자 부동산의 종류와 특징: 복합 물류센터

메이플트리로지스틱스는 복합 물류센터를 운용하며 대표적인 부동산으로는 싱가포르의 30분 레이 웨이, 홍콩의 허브-칭이, 일본의 고베 물류센터, 한국의 허브-평택 등이 있다. 허브-칭이는 홍콩 부동산 중 가장 큰 면적을 차지하며 주요 고속도로와 홍콩 국제공항 및 중국과 연결되어 있다. 고베 물류센터는 2019년 4월 준공되어 2020년 1월 메이플트리로지스틱스가 매입한 최신식 물류센터로 고베항 및 고베공항과 연결되어 있으며 고베 도심 및 오사카와 인접해 있다. 허브-평택은 한국 내 가장 큰 규모의 물류센터 클러스터로 중국 및 미국, 유럽의 물류 허브인 평택항과 인접해 있다. 10만 평방미터가 넘는 대규모 물류센터 외에도 각 도시의 주요 교통 요충지에 1만~3만 평방미터 규모의 물류센터를 140여 개 보유하고 있다.

메이플트리로지스틱스의 물류센터

자료: 메이플트리로지스틱스, 하나금융투자

핵심 투자 포인트 요약

(1) 글로벌 물류센터 중심에서 포트폴리오 확장 중

메이플트리로지스틱스의 포트폴리오는 글로벌 물류센터의 중심인 아시아-태평양 지역에 집중되어 있으며, 베트남과 말레이시아에서 새롭게 포트폴리오를 확장하고 있다. 베트남과 말레이시아, 중국의 7개 물류센

메이플트리로지스틱스 포트폴리오 분포(2019년 말 기준)

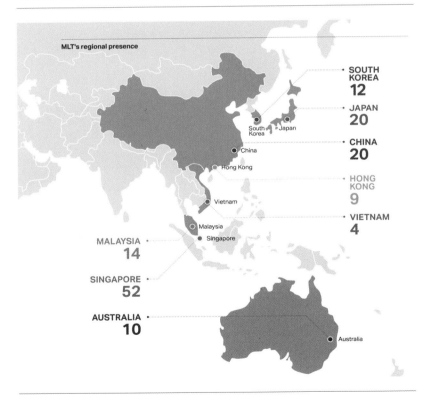

자료: 메이플트리로지스틱스, 하나금융투자

미국 리츠로 4차 산업 건물주가 되라

터가 2019년 말 준공되었고 2월 한국과 일본의 물류센터가 준공되면서

매출에 기여하기 시작했다. 현재 매출액의 약 30%가 성장산업인 이커머

메이플트리로지스틱스 재무제표

손익계산서 (단위: 백만 SGD)						대차대조표 (단위: 백만 SGD)					
	2017	2018	2019	2020F	2021F		2015	2016	2017	2018	2019
매출액	395.2	452.7	496.0	518.4	535.7	비유동자산	5,069.5	5,540.1	6,515.2	7,693.7	7,900.6
영업비용	108.1	118.6	111.6	119.9	117.0	투자 부동산	5,069.5	5,540.1	6,515.2	7,693.7	7,900.6
영업이익	287.1	334.1	384.4	398.5	418.7	유동자산	126.3	131.6	149.6	363.8	541.0
금융손익	(51.2)	(61.0)	(68.8)	(79.3)	(81.6)	현금및현금성자산	93.3	92.6	101.2	104.3	223.9
영업외손익	(9.9)	1.2	(16.7)	N/A	N/A	외상미수금	5.7	5.4	6.0	4.2	45.0
재평가전순익	240.1	262.3	297.2	340.4	356.6	기타미수금	12.5	16.4	28.2	41.4	N/A
자산재평가손익	240.3	203.0	91.0	N/A	N/A	기타유동자산	14.8	17.3	14.2	213.9	272.2
세전이익	480.4	465.3	388.2	N/A	N/A	자산총계	5,207.4	5,686.7	6,678.3	8,078.3	8,460.6
소득세	(49.1)	(42.8)	51.2	N/A	N/A	단기유동부채	234.3	224.3	53.2	31.6	365.4
당기순이익	472.2	456.5	395.3	290.5	307.9	단기리스	N/A	N/A	N/A	N/A	5.8
배당가능이익 (DI)	212.9	287.0	318.8	N/A	N/A	장기차입금	1,824.0	1,959.8	2,458.6	2,962.1	2,702.8
자산재평가액	(240.3)	(203.0)	(91.0)	N/A	N/A	장기리스	N/A	N/A	N/A	N/A	87.4
무형자산상각	(1.6)	(2.1)	(2.1)	N/A	N/A	미지급금	9.8	12.4	9.9	18.9	177.4
기타조정액	4.1	34.0	15.5	N/A	N/A	미지급비용	37.3	54.1	50.5	55.3	N/A
배당총액	233.0	287.6	309.4	N/A	N/A	기타비유동부채	107.7	104.9	122.3	133.8	0.3
DPU(Scts)	7.62	7.94	8.14	8.45	8.46	부채총계	2,328.9	2,497.0	2,866.5	3,411.1	3,563.8
성장률(YoY)						지배주주지분	2,872.4	3,183.8	3,806.1	4,661.7	4,891.4
매출	5.9	14.6	9.6	4.5	3.3	자본금	1,723.8	1,705.6	2,328.2	2,985.2	3,202.6
영업이익	7.0	16.4	15.0	3.7	5.1	이익잉여금	824.9	853.6	1,113.9	1,313.1	1,356.9
순이익	122.0	(3.3)	(13.4)	(26.5)	6.0	포괄이익	323.7	624.7	363.9	363.4	331.8
수익성(%)						비지배주주지분	6.0	5.8	5.7	5.5	5.4
영업이익률	72.7	73.8	77.5	76.9	78.2	자본총계	2,878.5	3,189.7	3,811.8	4,667.2	4,896.8
순이익률	119.5	100.8	79.7	56.0	57.5						
Payout	109.4	106.5	97.1	N/A	N/A						

주: SFRS 기준. 예상치는 S&P Capital 컨센서스
자료: S&P Capital, 하나금융투자

스로 이루어져 있으며, 특히 미·중 무역 분쟁으로 공급체인이 동남아시아로 변하면서 메이플트리의 포트폴리오 확장 전략이 더욱 빛을 발할 것으로 전망된다.

(2) 국영기업이라는 든든한 후원자

스폰서인 메이플트리는 국부펀드 테마섹이 100% 출자한 국영기업으로 메이플트리로지스틱스는 메이플트리로부터 퀄리티 높은 자산을 지속적으로 공급받고 있다. 또한 신뢰 높은 스폰서 덕으로 낮은 자본비용을 유지하면서 주당배당금DPS 상승 여력을 확보할 수 있다. 기어링 비율은 39.3%로 낮게 유지 중이다.

주가 흐름 및 향후 전망

메이플트리로지스틱스의 2010년부터 2020년 5월까지 누적 수익률은 371.2%로 싱가포르 리츠 3사 중 가장 높은 수준을 보여주고 있다. 10년 동안 연평균 수익률은 16.1%이며, 이 중 주가 상승을 통한 수익률은 연 8.9%, 배당재투자수익률은 7.2%이다. 주가와 배당재투자수익률이 거의 비슷한 수준을 보이며 안정적인 성장을 하고 있다. 메이플트리로지스틱스의 포트폴리오가 위치한 아시아-태평양 지역은 글로벌 물류의 허브로 앞으로도 높은 수익성을 보여줄 것으로 기대되고 국영기업의 리츠인 만큼 다양한 리스크로부터도 안전하기 때문에 투자 매력이 높다고 판단된다.

미국 리츠로 4차 산업 건물주가 되라

메이플트리로지스틱스 역사적 주가 차트

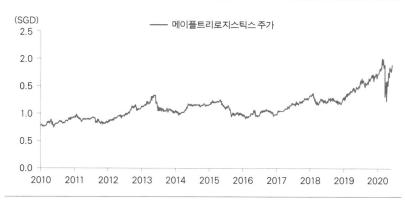

자료: Bloomberg, 하나금융투자

싱가포르 리츠 이야기 3:
국민연금의 롤모델 중 하나인 테마섹이란 무엇일까?

싱가포르 리츠는 2002년 도입되어 현재 36개의 리츠가 상장되어 있으며, GDP 대비 시가총액은 약 23.6%로 6.7%인 미국보다도 그 비중이 크다. 싱가포르 리츠 역시 과세 대상 수익의 90% 이상을 배당해야 하며 평균 배당수익률은 6.5%로 타 국가 대비 상당히 높은 수준을 보이고 있다. 이러한 싱가포르 리츠의 다양한 특징 중 하나가 대부분 앵커 리츠(혹은 스폰서 리츠)라는 점이다. 스폰서는 대형 기업이 리츠에 자산을 매각하고 해당 리츠의 최대주주로 참여해 자금 조달, 포트폴리오 운용, 시설 관리 등을 맡는 형태를 말한다. 가령 한국 롯데리츠의 경우에도 롯데그룹이 롯데리츠에 자산을 매각했고, 롯데리츠 운용사의 주요 주주가 되

싱가포르 리츠의 투자 구조: 높은 국부펀드 투자 비중

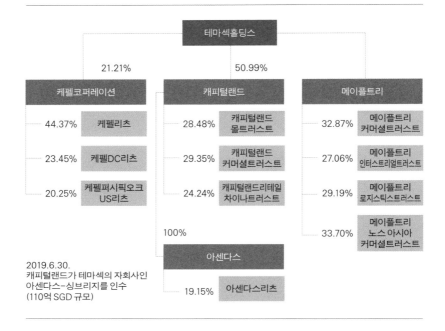

2019.6.30.
캐피털랜드가 테마섹의 자회사인
아센다스-싱브리지를 인수
(110억 SGD 규모)

어 자산관리업에 관여하는데 롯데그룹을 롯데리츠의 스폰서라고 부른
다. 이처럼 주로 스폰서(앵커)는 대형 디벨로퍼, 건설사, 부동산펀드 운용
사, 정부 기관이며 스폰서의 신용은 곧 리츠의 안정성과 신뢰도로 이어
지는 만큼 싱가포르 리츠 분석에 있어 가장 첫 번째 단계는 스폰서 분석
에 있다고 봐도 무방하다.

이런 스폰서 중에서 싱가포르 정부가 100% 소유한 국부펀드 테마섹
은 싱가포르 리츠 스폰서 대부분의 20~50% 지분을 보유하고 있다. 사
실상 스폰서 리츠의 최고봉이자 스폰서계 최고봉이다. 케펠DC리츠의
스폰서인 케펠그룹의 경우 테마섹이 지분 약 21%를 보유 중이고, 아센

다스리츠의 경우 테마섹 지분만 무려 51%인 캐피털랜드가 스폰서로 있다. 메이플트리로지스틱스는 테마섹이 100% 출자한 국영기업인 메이플트리가 스폰서이다. 싱가포르 토지의 대부분은 국가 소유이고 5년마다 재정비되는 정부의 마스터플랜master plan에 따라 토지 이용 계획이 수립돼왔다. 즉 부동산 시장이 국가 주도로 성장해왔고, 메인 리츠들의 스폰서 역시 국부펀드의 영향을 받기 때문에 그만큼 안정성 면에서 긍정적이라고 할 수 있다.

실제로 최근 코로나로 인한 리츠의 피해를 최소화시키기 위해 정부의 직접적인 규제 완화 정책이 시행되기도 했다. 싱가포르 리츠의 경우 배당가능이익의 90%를 회계연도 종료 후 3개월까지 배당해야 법인세를 면제받지만 2020년에 한해서는 12개월까지 배당하도록 허용했다. 또한 기존 기어링 비율 45% 규제를 50%로 완화했는데, 이는 연말 감정평가에서 자산가치가 떨어질 것을 미리 감안하고 더 많은 자산 편입 장려와 재무 유연성 제공을 위한 것으로 보인다.

미국 리츠로 4차 산업 건물주가 되라____

1판 1쇄 발행 | 2020년 8월 17일
1판 2쇄 발행 | 2020년 8월 20일

지은이 조용준, 채상욱, 윤승현
펴낸이 김기옥

경제경영팀장 모민원 기획 편집 변호이, 김광현
커뮤니케이션 플래너 박진모
경영지원 고광현, 임민진
제작 김형식

표지디자인 어나더페이퍼
본문디자인 제이알컴
인쇄 · 제본 민언프린텍

펴낸곳 한스미디어(한즈미디어㈜)
주소 121-839 서울특별시 마포구 양화로 11길 13(서교동, 강원빌딩 5층)
전화 02-707-0337 | 팩스 02-707-0198 | 홈페이지 www.hansmedia.com
출판신고번호 제 313-2003-227호 | 신고일자 2003년 6월 25일

ISBN 979-11-6007-509-0 13320